KB080218

폴리매스는
타고 나는가

폴리매스는 타고 나는가

초판 1쇄 인쇄 ㅣ 2022년 11월 25일

초판 2쇄 발행 ㅣ 2022년 12월 07일

지은이 ㅣ 피터 홀린스
옮긴이 ㅣ 박지영
펴낸이 ㅣ 김채민
펴낸곳 ㅣ 힘찬북스
출판등록 ㅣ 제410-2017-000143호

주소 ㅣ 서울특별시 마포구 망원로 94, 301호
전화 ㅣ 02-2272-2554
팩스 ㅣ 02-2272-2555
이메일 ㅣ hcbooks17@naver.com

ISBN 979-11-90227-23-0 03190

* 파본은 본사나 구입하신 서점에서 교환하여 드립니다.

세상을 바꾸는 융합형 인재들의 힘

폴리매스는
타고 나는가

피터 홀린스 지음 | 박지영 옮김

HC books

차 례

1

무엇이든
할 수 있는 사람

POLY
MATH

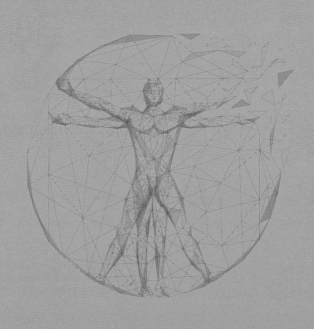

벤저민 프랭클린Benjamin Franklin은 미국 역사상 대단히 영향력 있고 성공한 인물로 손꼽힌다. 오늘날 정치 이론가로 널리 알려져 있지만, 당시에는 거의 모든 분야에서 이름을 떨쳤다.

벤저민 프랭클린Benjamin Franklin

프랭클린은 훌륭한 발명가이자 존경받는 정치인이었고 뛰어난 과학자였다. 시사적인 현안에 적극적으로 개입하고, 다양한 주제로 활발한 저술 활동을 펼친 외교관이자 공직자였으며, 열정적인 사회 운동가이기도 했다. 더불어 펜실베이니아 대학교와 필라델피아 최초의 소방서 등 여러 기관을 설립한 사업가였고, 우체국장 겸 풍자 작가였다. 게다가 효율성을 개선한 입식 난로, 악기인 유리 하모니카, 시력이 나쁜 자신이 쓸 이중초점 안경도 개발했다. 전기에도 관심이 많아서 연과 금속 열쇠를 가지고 번개 실험을 한 것으로도 유명했다. 더 나아가 미국의 독립 선언서와 헌법을 작성하는 데 핵심적인 역할을 한 다섯 위인 중 한 명이었다.

벤저민 프랭클린이 광범한 분야에서 공헌한 바가 크다 보니, 만약 그가 없었다면 미국은 어찌 되었을지 궁금하다. 대다수의 어린 학생들은 프랭클린이 대통령이었을 것이라고 잘못 알고 있다. 이는 사실이 아니지만, 그가 온갖 프로젝트를 벌이고, 다양한 발명품을 만들고, 사업을 하는 가운데서도 대통령의 역할까지 병행할 수 있었으리라고 짐작해 보는 것은 어렵지 않다.

어쩌면 벤저민 프랭클린이 유명한 진짜 이유는 도무지 한계가 없는 듯한 박식함 때문이리라. 한마디로 그는 '폴리매스polymath'다. 그리스어에서 유래한 이 단어[01]는 '많이 배웠다'라는 뜻으로, 마치 벤저민 프랭클린 같은 사람을 일컫기 위해 고안된 단어 같다. 폴리매스는 자기 전문 분야에 대해서만 잘 아는 것이 아니라 여러 분야와 주제에 대해 두루 잘 안다. 다양한 학문에 능통할 뿐만 아니라, 학문을 구분하는 경계를 거침없이 넘나들고, 인간 본연의 탐구 정신을 발휘해야 하는 분야에서 그 활약이 두드러진다. 세계적으로 내로라하는 폴리매스는 여러 학문을 융합하거나 아예 새로운 학문을 창시한다. '르네상스인[02]'이라는 칭호가 손색없이 잘 어울리는 이들은 도통 못 하는 일이 없으며, 이해하고 학습하는 인간 능력의 한계가 과연 어디까지일지를 상상해 보게끔 한다. 다방면의 지식에 정통하므로 초능력자처럼 보이기도 한다. 명성이 자자한 또 다른 폴리매스로는 레오나르도 다빈치Leonardo da Vinci, 르네 데카르트Rene Descartes, 일론 머스크Elon Musk, 플라톤Plato, 아이작 뉴턴Isaac Newton, 갈릴레오Galileo, 미켈

란젤로Michelangelo, 아르키메데스Archimedes, 찰스 다윈Charles Darwin 등을 들 수 있다. 우리가 이들과 같은 수준에 도달하기란 불가능한 일일 수도 있지만, 폴리매스다움을 추구하여 우리의 삶을 새로운 경지로 끌어올리는 일은 얼마든지 가능하며, 이 폴리매스다움은 천부적인 자질이 아닌 만큼 우리들 누구나가 배우고 함양할 수 있다.

이 책은 '폴리매스', '르네상스인', '나 스스로가 스승인 독학자'가 되면 어떤 일이 펼쳐지게 되는지를 보여 준다. 전문 분야가 갈수록 세분화되는 복잡다단한 현대 사회에서 오히려 통섭적[03] 인간이 되는 길을 선택하면 과학, 예술, 정치, 학문, 공학, 시사, 문학, 스포츠, 영성 등 다방면에서 최고의 '나'로 거듭날 수 있다. 폴리매스를 꿈꾸는 우리의 목표는 상당한 전문성을 가지고 무슨 일이든 해내는 일당백의 만능형 인재가 되는 것이다. 여기서 가장 중요한 것은 배우고 발전하여 특출해지는 과정이지, 그 분야가 무엇인지는 부차적인 문제에 지나지 않는다.

특별히 잘하는 것이 없는 사람

'무엇이든 할 줄 아는 사람은 특별히 잘하는 것이 없다.'라는 말을 들어본 적이 있는가? 이 말에는 관심사가 많아 다양한 일에 시간을 쏟는 사람을 향한 곱지 않은 시선이 깔려 있다.

벤저민 프랭클린처럼 존경받는 위인이 있음에도 불구하고, 현실 세계에서는 한 분야에 천착하지 않고 분야를 바꿔가며 (간혹 크게 동떨어진) 여러 문제에 관심을 보이는 사람을 한심하게 여기기도 한다. 제너럴리스트[04]와 스페셜리스트 사이의 우월함 논쟁은 현재 진행 중이며, 역사적으로도 엎치락뒤치락해 왔다. 그런데 가장 저명하고 훌륭한 과학자들을 조사해 보면 대다수가 틀림없는 제너럴리스트였다는 사실을 쉽게 확인할 수 있다. 제너럴리스트라고 해서 그들의 연구가 피상적이거나 비전문적이지도 않았다. 오히려 광범위한 관심사 덕분에 그들이 더욱 큰 성과를 거둔 것으로 보인다.

엄청난 성공을 거둔 사업가들 또한 전방위적으로 투자하는 것으로 유명하며, 그들은 한 분야에서 성공을 거두고서도 이에 안주하지 않고 온갖 프로젝트를 새롭게 벌인다. 물론 이렇게 주장할 수도 있다. 그들

로버트 루트번스타인
Robert Root-Bernstein

은 비상한 천재이고 이미 성공을 거머쥐었기에 다양한 관심사를 갖게 된 것이지, 다양한 관심사 때문에 성공한 것은 아니라고 말이다.

하지만 개인의 성공이 그의 다양한 관심사 및 능력과 상관관계가 있음을 보여 주는 신빙성 있는 연구가 여럿 있다. 로버트 루트번스타인Robert Root-Bernstein[05]은 2009년에 발표한 논문에서, 노벨상 전 분야 수상자를 대상으로 데이터를 분석하여, 창의력과 박학다식함 사이의 강한 상관관계를 발견하고, 이를 바탕으로 전문성이 성공의 요건이라는 주장을 반박했다.

꼼꼼하게 따져 보자. 사람들이 유명한 폴리매스를 거론할 때는 대체로 단순히 여러 분야에서 실력을 쌓은 인물이 아닌, 다양한 역량을 창의적으로 융합한 인물을 든다. 전체는 부분의 합보다 위대한 법이기 때문이다.

폴리매스는 특정 분야에서만 문제를 척척 해결해 내는 사람이 아니라, 학습 그 자체에 능통한 사람이다. 이들은 전 인류가 축적한 풍요로운 유산에서 아이디어, 방법, 해결책을 가져와 이를 능수능란하게 엮어낼 수 있으며, 그 결과 대단히 획기적인 아이디어를 번뜩번뜩 떠올릴 수 있다. 과학을 비롯한 여러 학문에서 찾아볼 수 있는 비약적인 발전 대다수는 혜성처럼 등장한 외부의 지식인이 두 분야를 참신하게 결합하여 두 분야 모두에 유익한 발견을 하거나 아예 제3의 분야를 창시할 때 이루어졌다.

알파벳 T를 떠올려 보자. 위의 수평선은 분야를 가로지르는 지식

말콤 글래드웰Malcolm Gladwell

의 폭을, 가운데 수직선은 특정 분야에 대한 지식의 깊이를 나타낸다. 말콤 글래드웰Malcolm Gladwell은 『아웃라이어』[06]에서 '1만 시간의 법칙'을 소개한다. 어느 분야의 전문가가 되려면 1만 시간 동안 의식적인 양질의 훈련을 거쳐야 한다는 주장이다. 하지만 폴리매스는 이 법칙에서 예외인 듯하다. 그만큼의 시간을 투자하지 않고서도 비약적으로 성장할 수 있다.

다른 분야에 깜깜한 채 자기 분야만 파고들 때보다 여러 분야를 두루 경험하고 경험한 바를 창의적으로 결합할 때 인간은 비약적으로 성장한다. 경영자나 사업가가 박학다식한 제너럴리스트일 경우의 장점이라면 치열한 경쟁을 피할 수 있다는 점이다. 이들에게는 드넓은 활동 무대가 열리기 때문이다. 폴리매스의 목표는 T형 인재가 아니라, π형이나 빗 모양 인재[07]에 가깝다. 다시 말해, 이들은 여러 영역에서 깊이 있는 지식을 쌓는 것을 목표로 하는데, 그 여러 영역들이 스르륵 겹쳐지면서 교집합을 이룰 때 마법 같은 일이 펼쳐지는 것이다.

누구나 아는 폴리매스인 찰스 다윈, 일론 머스크, 레오나르도 다 빈치를 본보기 삼아 살고 싶다고 해서 꼭 이들과 같은 수준이 되어야 하는 것은 아니다. 학위가 여러 개 필요한 것도 아니고, 이들과 같은 분야를 공부해야 하는 것도 아니다(물리, 정치, 경영, 문학은 많은 폴리매스가 깊이 파고든 분야이다. 하지만 그 분야 자체에 어떤 특별한 점이 있기 때문이라고 넘겨짚지 말고, 많은 폴리매스가 이들 분야에 매력을 느낀 이유가 무엇일지 생각해 보자).

폴리매스가 되려면 세상을 바라보는 관점을 바꿔야 한다. 폴리매스는 앞만 보고 무작정 열심히 달리기보다 시야를 넓혀 최대한 많은 것을 눈에 담는다. 그들은 뻔해 보이는 정보들을 뻔하지 않은 방식으로 엮는다. 끝까지 파헤치고, 과감하게 판단하여 색다른 질문을 던진다. 그리고 이질적인 것들을 조합한 뒤 어떤 반응이 일어날지를 지켜본다.

에릭 번Eric Berne

디지털 마케팅 회사에 다니는 평범한 직장인이지만 근무 외 시간에는 열렬한 독서광, 지역 정치에 적극 참여하는 시민, 시와 소설을 다루는 문학지에 정기적으로 기고하는 작가일 수도 있다. 이런 사람이라면 에릭 번Eric Berne이 제안한 심리 게임[08] 모델에 대한 이해와 지역 정치 풍토를 꿰뚫는 예리한 감각을 바탕으로, 고객을 위한 '평판 관리 종합 서비스'를 참신하게 디자인할 수 있다. 그러다가 회사에 평판 관리 부서가 새로 생기면 매니저로 승진할 수도 있다.

구태의연한 사고에 갇히지 않는 사람은 자신이 지닌 지식과 능력

도라 캐링턴이 1920년대 중반에
그린 E. M. 포스터의 초상화

을 창의적으로 결합하여, 직장에서 승진
하거나 새로운 수익을 창출할 수 있는 잠
재적 기회를 발굴한다. 이들은 수많은 폴
리매스가 그랬듯 직업과 역할을 스스로
만들고, 독특한 개성과 다양한 재능을
발휘하여 진정으로 원하는 일을 하면서
돈까지 번다.

　너무나 복잡하고 경쟁이 극심한 오늘
날 세상에서는 종합하고, 연결하고, 창조하는 능력이 뛰어난 사람이
후하게 대접받는다. '오직 연결하라'[09]라는 명언을 남긴 에드워드 모
건 포스터E. M. Forster가 조언했듯 문학적 관점에서 화학책을 읽어 보
자. 공산주의 창시자 칼 마르크스Karl Heinrich Marx가 긱 이코노미(gig
economy)[10]에 대해 어떻게 논평했을지를 상상해 보자. 요리, 심리 치
료, 젠더 연구, 사업에 두루 관심이 있다면, 이러한 관심사를 한데 묶
어 남성 전용 '요리 테라피' 모임을 만들어 보는 건 어떨까? 이혼한 중
장년 남성들이 모여서 스스로 요리하는 법을 배우고, 서로 친목도 다
질 수 있는 자리를 마련해 주는 것이다.

　우리가 사는 세상은 아마존 설립자 제프 베이조스Jeff Bezos 같은
폴리매스에 의해 돌아간다고 해도 과언이 아닌데, 안타깝게도 대부
분 사람이 학문을 칼로 두부 자르듯 딱 잘라 구분할 수 있다는 그릇
된 사회적 통념에 집착한다. 우리가 다닌 학교는 죄다 커리큘럼을 세

세하게 구분해 놓았다. 하지만 정말로 어학적, 예체능적 재능이 뛰어난 부류와 수학적, 과학적 재능이 뛰어난 부류가 따로 있는 것일까? 문과적 재능과 이과적 재능은 서로 전혀 관련이 없다고 할 수 있을까? 진정한 폴리매스는 이러한 구분을 무시한다. 폴리매스에게 다양성이란 축복이고, 관심사가 많을수록 인생도 즐거워지는 법이다.

이 책은 누구나 폴리매스가 될 수 있다는 사실을 여실히 보여 주며, 폴리매스로서 자질을 열심히 계발하는 것이 어떻게 개인적 성취감을 고취하는지, 어떻게 학업적, 경제적 성공에 보탬이 되는지를 면밀하게 살핀다.

최고의 전문가가 되려면 한 가지 분야에서 상위 1% 안에 들어야한다. 한편, 폴리매스가 되려면 세 가지 이상의 분야에서 상위 25% 안에 들어야 한다. 폴리매스가 경쟁 우위에 서는 첫 번째 이유가 바로 여기에 있다. 위의 기준에서 생각하면 폴리매스가 되는 편이 분명더 쉽다. 상위 1% 안에 들기보다는 상위 25% 안에 들기가 더 빠르기때문이다. 그렇다면 어떻게 해야 상위 25% 안에 들 수 있을까? 간단하다. 거인의 어깨에 올라서면[11] 된다. 즉 자기 분야에서 일가를 이룬이들의 지혜를 빌리면 된다. 매번 혁신적인 아이디어를 직접 고안할필요는 없다. 폴리매스에게는 양질의 정보를 발 빠르게 찾아 조합해내는 보석 같은 능력이 있다. '스킬 스태킹(skill stacking)'이라고 불리는이 능력은 책의 후반부에서 자세히 다룰 것이다.

세계 곳곳에서 전문가들이 대중을 위해 지식 구축이라는 어려운 작업을 대신하여 주었다. 심층 실험을 통해 질적으로 우수한 지식은 축적하고, 상대적으로 부실한 내용은 걸러 내면서 말이다. 오늘날 우리는 온라인 강좌, 동영상, 연구 원문이 실린 무료 학술지, 일반 공개 자료 등을 통해 전문가가 구축한 지식에 마음껏 접근할 수 있는 행운을 누리고 있다. 이렇게 거대한 정보의 보고를 무료나 다름없이 이용할 수 있는 지금이야말로 배우려는 의지만 있으면 무엇이든 배울 수 있는 시대다. 벤저민 프랭클린은 인터넷도 없던 시대에 침침한 눈으로 고작 깃털 펜만을 가지고서도 위대한 업적을 이루었다. 그에 반해 오늘날 우리는 문명의 이기들을 한껏 누리면서 그의 정신을 계승할 수 있다.

유튜브 같은 간단한 사이트 덕분에 방대한 전문 지식에 접근하는 일이 얼마나 편해졌는지 다시금 생각해 보자. 과거에는 정보를 구하려면 직접 전문가에게 연락하거나 도서관에 가는 번거로움을 감수해야 했다. 그런데 오늘날에는 새로운 기술을 스스로 터득하고, 독학으로 언어를 배우고, 장소의 제약 없이 소프트웨어를 개발하고, 반나절만에 글로벌 사업을 론칭하는 일이 가능해졌다.

누군가는 이 세상을 바라보며 위대한 사상과 발명품은 나올 대로 다 나왔다고 생각할 수 있다. 하지만 폴리매스는 이미 존재하는 것들도 수만 가지 방식으로 새롭게 결합할 수 있다는 사실을 안다. 그렇지 않다면 장뇌 축 이론[12]이나 진화 심리학[13] 같은 분야가 탄생할 수 없었을 것이다. 이렇게 결합을 통해 탄생한 분야가 다시 새로운 지평을 연다[14]는 사실은 매우 경이롭다. 폴리매스에게 한계란 없다. 결합이라는 전략을 취하면 기하급수적으로 성장할 수 있고, 큰 그림을 그리며 연결된 사고를 하면 경계를 허물 수 있다. 결합은 답보 상태를 돌파하거나 풀리지 않는 문제를 해결하는 가장 좋은 방법이다.

폴리매스가 경쟁 우위에 설 수 있는 두 번째 이유는 유연성 때문이다. 폴리매스는 다재다능함을 무기로 삼는다. 다양한 역량을 갖춘 사람은 변화에 유연하게 대처하고 쉽게 적응할 수 있다. 진정한 폴리매스는 미래에 발맞춰 커리어를 조정하는 수준을 뛰어넘어 커리어를 직접 디자인한다. 이들은 사양 산업에 남겨질까 봐 전전긍긍하지 않으며 오히려 새롭게 부상하는 산업의 선봉에 선다.

인류가 발전하고 진보하는 동향을 주시하다 보면, 앞으로 무엇이 대두하고 흥행하게 될지 자연스레 궁금해진다. 그런데 실은 사람들이 아직 주목하지 않은 새로운 아이디어에서 기회를 잘 포착하기만 해도 성공할 수 있다. 미래는 아무도 점칠 수 없지만, 여러 선택지를 마련해 두면 그중 하나가 성공으로 이어질 가능성도 커진다. 한 프로젝트가 잘 풀리지 않았을 때 의지할 수 있는 다른 프로젝트가 든든히 버티고 있는 것이다.

마지막으로, 다가오는 미래를 맞이하는 데 있어 폴리매스가 유리한 점이 또 있다. 벤저민 프랭클린이 살던 시대의 사람들도 지대한 문제에 처했었지만, 오늘날 우리가 맞닥뜨린 문제는 그 차원이 다르다. 기후 변화, 전 세계적인 부의 불평등, 불안정한 정세, 거대한 신종 질병의 위협을 생각해 보라.

이러한 문제들은 너무나 복잡다단해서 종합적으로 접근해야 할 필요가 있다. 현재 인류가 당면한 여러 도전 과제는 전문가들이라 할지라도 쉽게 해결할 수 없다. 하지만 개개 전문가에게서 최고의 지혜를 끄집어내고 이를 솜씨 좋게 엮을 줄 아는 폴리매스라면 복잡하고 난해한 과제에 걸맞은 다각적이고 심층적인 해결책을 모색할 수 있다. 미래가 가져올 딜레마를 해결하려면 여러모로 창의적이고 기발하고 참신한 아이디어가 필요하다.

앞에서 예로 든 마케팅 회사 직원처럼 새롭게 부상하는 메타 기술[15]을 갖춘 사람, 즉 다양한 지식을 아우르며 활용할 줄 아는 사람이 모든 분야에서 두각을 나타낼 것이다. 폴리매스는 자기 삶만을 충만하게 영위하는 데서 그치지 않고 타인의 삶에도 직접적인 이익을 가져다주는 방식으로 가치를 더한다. 창의적인 사람은 어느 시대에나 선망의 대상이 되었지만, 현대에서는 특히나 귀한 존재라고 할 수 있다.

나는 어떤 인재형일까?

폴리매스가 되겠다며 르네상스 시대의 위대한 교양인들처럼 정치 활동을 하고, 유화를 그리고, 지하실에서 실험을 할 필요는 없다. 오히려 현대의 폴리매스는 각양각색의 개성을 지녔다. 심지어 단체나 기관도 다양한 분야의 지식을 갖췄다면 폴리매스로 간주할 수 있다. 폴리매스가 되려면 제너럴리스트가 되어야 한다. 제너럴리스트란 모든 사람과 모든 주제로 대화할 수 있는 사람이다. 차이를 뛰어넘고, 접점을 발견하고, 배우려는 자세가 몸에 배어 있기 때문이다.

T형 인재를 기억하는가? 개인의 기량이 알파벳 T 형태와 비슷하면, 한 가지 분야만 깊이 아는 얕은 수준의 제너럴리스트인 셈이다. 물론 일반 상식이 전혀 없고 전문 기술도 딱 하나만 있는 I형보다야 낫지만, 그보다는 두 가지 분야를 깊이 아는 π형이 더 좋으며, 일반 상식을 바탕으로 여러 분야를 심도 있게 공부해 나가는 빗 모양이 훨씬 더 좋다.

빗 모양 인재에서 한발 더 나아갈 수도 있다. 폴리매스는 다양한 분야에서 전문 지식을 쌓아, 다양화와 전문화가 주는 이익을 모두 챙기려 한다. 그런데 자신이 선정한 분야에서 쌓은 전문적인 지식에 맥락을 부여하려면 일반 상식이 바탕이 되어야 한다. 오로지 한 분야만 무아지경으로 파고들다가 나머지 세상과는 단절된 느낌을 받거나, 균형 잡힌 시각을 잃고 싶은 사람은 없을 것이며, 반대로 전공 분야에 대한 진정한 이해 없이 수박 겉핥기식으로 허술하고 피상적인 지식만 대강 쌓고 싶은 사람도 없을 것이다.

지적 호기심을 타고난 사람이 자연스럽게 폴리매스가 된다. 이들은 미리 설계도를 그려 놓고 계획한 대로 지식을 쌓는 것이 아니라, 선천적 여건, 주변에 생겨나는 기회, 능력과 열정, 환경의 요구에 맞추어 지식을 유기적으로 쌓으려고 한다. 삶의 과제를 해결할 때, 변화가 느리고 난해한 분야에서는 당연히 깊이 있는 스페셜리스트 접근법이 적합하지만, 변화가 빠르고 어차피 수년 내에 내용이 바뀌는 분야에서는 굵직한 아이디어만 훑어보며 진행하는 제너럴리스트 접근법이 더 적합하다. 폴리매스는 최상의 결과를 얻기 위해 두 가지 접근법을 적절히 번갈아 가며 적용한다.

경영학을 전공하고, 이런저런 관심사가 많은 여성을 상상해 보자. 그녀는 본질적이고 장기적인 경영 원칙을 공부하는 데에 많은 시간을 투입하여 깊이 있는 이해를 다진다. 동시에 단기적인 관심사를 종횡무진 누비며 관련 지식을 섭렵한다. 앱 개발 단기 강좌를 듣고, 코딩을 배우고, 자원봉사 활동을 하고, 취미로 유리 불기 공예를 하고, 자기 계발, 유럽 철학, 비트 문학, 미술사, 섬뜩한 1960년대 공포 소설 등 다양한 분야의 책을 닥치는 대로 읽는다. 그녀는 틀림없는 폴리매스지만, 경영학이라는 큰 뼈대를 중심으로 이를 일종의 기틀이자 설계도로 삼아 여러 관심사를 그 위에 쌓아 올린다.

시간이라는 요소가 더해져 탄생하는 폴리매스도 있다. 모든 폴리매스가 저글링을 하듯이 여러 분야를 동시에 탐색하지는 않는다. 일련의 분야에서 전문가가 되기로 작심하고 한 프로젝트에 몇 년씩 몰입하여 내공을 다진 후 다음 프로젝트를 진행하는 폴리매스도 있다. 이런 사람은 언뜻 보기에는 폴리매스가 아닌 듯하지만, 시간이 흐르는 동안 그는 꾸준하게 자신의 기량과 통섭 능력을 쌓아 가고, 심성 모형[16]을 업그레이드하면서 성공 가능성을 높여 나간다.

이들이 일하고 공부하는 시간이 누적될수록 활용할 수 있는 콘텐츠도 늘어나고 다채로워진다. 그 결과, 기존의 T, π, 빗 형태를 모두 거부하고, 관심을 사방으로 뻗는 별 모양 인재가 될 수 있다. 완전히 비선형적인 세계관을 반영하는 별 모양 인재상을 이루기 위해서는 인류가 이룩한 모든 분야의 지식을 두루 섭렵할 수 있도록 개인의 기량을 확장하는 일이 무엇보다도 중요하다.

여러분이 별 모양 인재로 거듭나고자 한다면, 많으면 많을수록 좋겠지만 적어도 세 가지 분야에서는 상위 25% 안에 들 방법을 모색해야 한다. 가령 신체적인 측면(달리기나 춤)과 지식적인 측면(직무 관련 기술), 사회생활이나 인맥 관리의 측면(상담 강좌 수강, 자원봉사, 지역 정치 참여)에서 내공을 쌓고 나면, 자연스럽게 그 인접 분야로 가지를 뻗어 나갈 수 있다. 예를 들어, 춤을 가르칠 수 있고, 자원봉사 경험을 살려 나와 동료의 삶에 보탬이 되는 일을 할 수 있으며, 동종 업계 모임에 나가서 새로운 인맥을 구축하여 일과 사람이라는 두 마리 토

끼를 모두 잡을 수 있다. 폴리매스는 이런 식으로 몇 가지 주력 분야를 창의적으로 연결하여 자기만의 세계를 유기적으로 키워 간다.

폴리매스 바이블로 여겨지는 『늦깎이 천재들의 비밀』[17]의 저자 데이비드 엡스타인David Epstein은 노벨상 수상자들을 대상으로 연구했다. 그리고 이들이 다른 평범한 과학자들에 비해 춤이나 연기, 시 쓰기, 만들기 등의 취미를 즐길 확률이 22배나 높다는 사실을 발견했다. 결론은 분명하다. 재주가 많다고 해서 자기 분야에서 뒤처지지 않는다. 오히려 다재다능함은 적어도 한 가지 분야에서 성공하는 데 긍정적인 영향을 미친다.

마케팅 전문가들은 기업이 좋은 판매 실적을 올리려면 특정 상품만이 지닌 특성을 명확히 파악해야 한다고 입을 모아 말한다. 폴리매스가 되면 상품의 고유성을 파악하는 능력은 저절로 따라온다. 그래서 남들이 전혀 떠올리지 못한 기발한 통섭적 발상으로 성공을 거둘 때가 많다.

고유해야 성공한다는 원칙은 육아, 사업, 학업, 심지어 운동에서까지 삶의 모든 영역에서 적용된다. 유일무이한 전인적 인간이 되면 유용한 여러 기술을 조합하여 활용할 수 있게 되는 것은 물론이고, 유연하게 사고하고, 깊이 사유하고, 스스로 배우고, 지식을 종합하고, 창조하는 근본적 역량을 탄탄하게 기를 수 있다. 이는 여러분이 어떤 분야에 몸담든 마찬가지다.

르네상스인 정신

비즈니스 컨설턴트이자 작가인 프란스 요한슨 Frans Johansson은 '메디치 효과[18]'를 이렇게 설명 했다. '각기 전공도 다르고 살아온 배경도 다른 이 들이 만났을 때 새로운 아이디어와 기발한 해결책 이 나오는 현상'. 메디치 효과가 그 이름을 빌려 온 15 세기의 메디치 가문[19]은 세계 곳곳의 예술가, 작가,

메디치 문장

철학자, 수학자, 창작자를 한 자리에 불러들임으로써 르네상스 시대 를 여는 데 이바지했다. 15세기에 피렌체와 로마에서 다양한 예술가 들과 학자들이 서로 가깝게 지내며 활발히 교류한 결과, 르네상스 시 대가 열린 것이다. 메디치 효과가 왠지 익숙하게 느껴지지 않는가? 오늘날에도 현명한 리더는 혼자서는 여러 역량과 기술을 갖추기가 버겁다고 생각되면 주변에 인재를 두고 자신의 부족한 점을 보완하 는 방식으로 메디치 효과를 활용한다.

요한슨은 메디치 효과야말로 현대 비즈니스에서 고객의 니즈[20]를 가장 훌륭하게 충족하면서 비용은 최소화하고 이익은 극대화하는 비결이라고 주장한다. 그는 새로운 개념이 전적으로 기존 개념을 독 창적으로 융합한 데서 나온다고 말하며, 비즈니스에서 최고의 솔루 션을 적용하고 통찰력을 발휘함으로써 혁신을 불러일으키고자 한다

면 직원들이 가진 다양한 배경과 경험, 전문 지식을 적극 활용하라고 조언한다.

비즈니스 영역에서뿐만 아니라 창의력과 문제 해결력이 요구되는 다른 모든 일반적인 상황에서도 마찬가지다. 여러 학문에서 끌어온 지식들을 종합하고, 여러 분야에서 가져온 개념들을 연결하면 기발한 아이디어를 매우 효과적으로 고안해 낼 수 있다. 이 분야에서는 평범한 물건이지만 저 분야에서는 특별한 도구일 수도 있고, 이 분야에서는 진부한 관점이나 접근법이지만 저 분야에서는 혁명적인 것일 수도 있으며, 이 분야에서는 진부한 개념이지만 저 분야에서는 참신함과 기발함을 이끌어 내는 개념이 될 수도 있다.

일례로, 참신한 교통 규칙 시행 방안을 마련하기 위해 전기학, 공학, 정보통신학뿐만 아니라 시각 예술, 광고학, 심리학에서까지 지혜를 빌려 온 사례가 있다. 심리학에서는 인간이 결정을 내릴 때 이성적인 정보뿐만 아니라 감성적인 자극에도 영향을 받는다는 사실을 익

숙하게 받아들인다. 심리학에서는 상식과도 같은 이 개념을 바탕으로 웃는 얼굴 신호등이 탄생했고, 이 신호등은 이전 신호등에 비해 교통 신호를 지키는 사람들이 훨씬 더 많아지게 되는 혁신적인 상황을 이끌어 냈다.

다양한 분야의 지식과 자원을 동원하

여 문제를 해결할 때 생기는 이점은 브라이언 우지Brian Uzzi[21] 교수의 연구 결과에서 확실하게 드러난다. 우지 교수는 지난 몇 세기에 걸쳐 출판된 2,600만 개가 넘는 과학 논문들을 분석했다. 그리고 가장 영향력 있다고 손꼽히는 논문들은 이질적인 배경을 가진 개개인이 한 팀을 이루어 작성했다는 사실을 발견했다. 우지 교수의 또 다른 연구에 따르면, 참고 문헌 목록을 살펴본 결과 최고의 성과를 낸 논문들 상당수가 참고 문헌 중 10% 이상을 타 분야에서 가져왔다는 특징을 가지고 있었다.

아직도 레오나르도 다빈치의 폴리매스적 재질이 사람들 입에 오르내리는 건 우연이 아니다. 어쩌면 그 재질이야말로 그가 길이 기억되는 이유라고 할 수 있다. 대충 간추린다 해도 그는 훌륭한 화가였고, 조각가였으며, 공학자, 건축가, 해부학자이기도 했다. 더구나 그는 조류학과 기계학, 암호학 등에도 많은 관심을 가지고 있었다. 결국 레오나르도 다빈치는 다양한 학문이 만나 시너지 효과를 발휘할 때 혁명적이고 혁신적인 창작물이 탄생한다는 사실을 가장 잘 보여 주는 표본으로 자리했다. 그가 일평생 메디치 가문에서 많은 후원을 받은 것은 결코 우연이 아니다.

프린스턴에서 찍은 아인슈타인 의 초상화 1935년 (56세)

알베르트 아인슈타인Albert Einstein도 서로 다른 분야가 만나서 빚어내는 시너지 효과를 얻기 위해 조합 놀이라는 방법을 고안했다. 아인슈타인이 창의적이고 혁신적으로 사고하기 위해 구체적으로 어떤 전략을 구사했는지에 대해서는 책의 후반부에서 조합 놀이를 다시 다루면서 자세히 설명하겠다.

T형 인재의 문제점

전문 지식과 기술을 갈고닦는 일이 어떤 면에서 나에게 불리하게 작용할 수도 있다면 당황스럽지 않은가?

독일어로 '설정 효과' 혹은 '태도 효과'를 뜻하는 아인슈텔룽 효과 Einstellung effect[22]에 대해 알면, 어째서 지식을 T형으로 쌓았을 때 창의적인 문제 해결 능력이 저하되고, 기존 지식의 틀에 갇히게 되는지 이해할 수 있다.

좁은 분야를 깊이 파는 일이 부질없다고 주장할 수는 없지만, 외길 전문성이 자기 발목을 잡을 수는 있다. 자기가 가지고 있는 지식이나 경험에만 의존하는 전문가는 참신한 사고가 요구될 때마다 분명히 불리한 처지에 놓인다. 어떤 문제가 주어졌을 때 평범한 일반인이 소위 전문가보다 훨씬 독창적이고 재기 넘치는 해결책을 제시한 사례를 접한 적이 있는가? 아인슈텔룽 효과가 그 이유를 설명해 준다. 어떤 일이 통상적으로 처리되는 방식을 정확히 알고 있는 사람은 고정관념 때문에 그 일을 다른 식으로 처리하기가 어렵다. 망치를 든 사람에겐 모든 것이 못으로 보이는 법이다.

연구를 통해 실제로 입증된 사실에 따르면, 어떤 경우에는 전문 지식이 창의적인 문제 해결 능력을 저해하기도 한다. 전문적인 식견은 물론 존경할 만하지만, 고집스럽고 뻣뻣하며 순간순간 유연하게 반응할 가능성이 적다. 전문가가 전통적이고 교과서적인 해결책에 너무 연연해하면 눈앞에 놓인 더 좋은 대안을 보지 못할 수도 있다.

아인슈텔룽 효과는 1942년에 루친스Luchins 부부가 처음 소개했다. 루친스 부부는 참가자를 모집하여 물병 실험[23]을 포함한 여러 비슷한 실험을 수행했다. 루친스 부부는 참가자에게 용량이 서로 다른 물병 세 개를 사용하여 특정한 물의 양을 측정하도록 했다. 그런데 이때 참가자를 두 그룹으로 나눈 뒤, 첫 실험에는 A그룹만 참여하여 문제 풀이식을 찾도록 하고, B그룹은 참여하지 않도록 했다.

그다음 두 그룹이 모두 참여한 두 번째 실험에서도 비슷한 문제를 주었는데, 다만 이번에는 풀이식이 훨씬 간단했다. 그런데 풀이식을 찾은 경험이 있는 A그룹은 자연스레 이미 알고 있는 풀이식을 다시 적용하여 문제를 해결하려 했고, 더 간단한 풀이식이 있다는 사실을 미처 깨닫지 못했다. 반면에 사전 연습 경험이 없던 B그룹은 간단한 풀이식을 손쉽게 찾았다.

이 실험 결과는 우리가 해결책을 모색할 때 사전 지식이 선입견으로 작용하면 더 나은 대안을 찾는 데 상당한 방해가 될 수 있다는 사실을 보여 준다. 예상을 뒤집고 '전문가' 역할을 한 A그룹이 바로 그 전문 지식으로 인해 부진한 성적을 냈다. 전문가가 반드시 최고의 해결책을 제시하지는 못하는 것이다. 아인슈텔룽 효과를 염두에 두고, 전문가가 훨씬 비싼 가격에 서비스를 제공한다는 사실까지 고려하면, 삶에서 맞닥뜨리는 문제 중 일부는 창의적인 비전문가가 훨씬 훌

룽하게(심지어 저렴한 가격으로) 해결해 줄 수 있으리라 기대해 볼 수 있다.

창의력을 연구한 다른 후속 실험에서도 비전문가가 월등한 성적을 내는 비슷한 결과가 나왔다. 칼 던커Karl Duncker의 유명한 양초 실험은 피실험자가 도구 사용법에 대한 선입견이 있으면 파격적인 해결책을 찾지 못한다는 사실을 보여 주었다. 성냥갑, 양초, 압정을 정해진 용도대로 사용해야 한다는 선입견이 있는 피실험자는 성냥으로 양초에 불을 붙일 줄만 알았지, 성냥갑을 선반으로 활용해 양초를 벽에 장착하는 대안을 떠올리지 못했다. 이들은 기존 지식 때문에 눈앞에 분명한 대안이 놓여 있어도 이를 보지 못했다.[24]

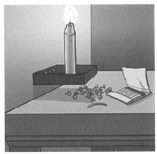

칼 던커의 양초 실험

실험 참가자들의 지식 체계가 π형이거나 빗 모양이어서, 다양한 분야와 학문에서 해결책과 방안을 끌어올 수 있었다면 어땠을까? 당연히 결과는 달라졌을 것이다.

자, 여러분은 T형 인재이며, 자동차 컨베이어 벨트 공장에서 조립 일을 하고 있다고 생각해 보자. 한 가지 기술밖에 없는 사람이라면 언제든지 쉽게 교체될 수 있다. 하지만 여러분이 점차 폴리매스다운 면모를 갖추어 더욱 다양한 기술을 보유하게 된다면 교체될 위험이 현저히 줄어들 것이다.

폴리매스가 어떤 일에 매력을 느끼는지는 그다지 중요하지 않다. 중요한 것은 폴리매스가 어떤 마음으로 그 일에 임하는가이다. 다음 장에서는 폴리매스의 마음속을 자세히 들여다볼 것이다.

요점 정리

- 우리는 폴리매스라는 단어를 접할 때 역사 속 천재들을 떠올리며 이들의 업적에 감히 범접할 수 없으리라 생각한다. 그런 생각에도 일리가 있겠지만, 사실 폴리매스는 다양한 분야에서 전문성을 쌓은 사람에 불과하다. 폴리매스가 여러 분야에서 식견을 쌓은 방법을 연구하면 평범한 우리도 귀중한 교훈을 얻을 수 있다. 지나치게 단순화한 것 같아도 그것이 본질이다. 그리고 이 다양한 분야가 서로 교차할 때 마법 같은 일이 펼쳐지며, 우리가 길을 찾고, 문제를 해결하고, 독창적으로 사고할 수 있도록 해 줄 것이다.

- 이 책은 여러분이 최소한 π형 인재, 이상적으로는 빗 모양 인재, 한발 더 나아가 별 모양 인재가 되도록 장려한다. T형 인재의 대척점에 서는 것이다. 이때 수평선은 지식의 폭을, 수직선은 지식의 깊이를 나타낸다. 지식의 폭을 넓히며 깊이를 다지려면 상당한 시간과 노력이 들겠지만, 이를 해낸 위인들은 아주 많다. 몇 명만 예로 들어도 레오나르도 다빈치, 일론 머스크, 벤저민 프랭클린, 아리스토텔레스 등을 꼽을 수 있다. 몇몇 연구들의 결과에 따르면, 각양각색의 사람들로 구성된 팀이나 다재다능한 개인, 기존 지식을 새로운 상황에 접목하는 사람이 훌륭한 성과를 낸다. 이처럼 이질적 요소가 함께 어울려 이탈리아 피렌체에서 르네상스 시대를 열었다는 가설도 있다.

- 다양한 분야에서 지식을 쌓는 일의 중요하다는 사실은 아무리 강조해도 지나치지 않다. 오히려 한 분야의 지식만 과도하게 쌓을 때는 문제가 나타난다. 바로 외길 전문성의 딜레마다. 이는 아인슈텔룽 효과라고 불리며, 망치를 든 사람에게는 모든 것이 못으로 보이는 현상으로 설명할 수 있다. 하나의 주제에 깊이 심취할수록 자신이 가진 도구, 방법, 접근법, 관점에서 벗어나기 힘들다. 생물학자 눈에는 모든 것이 생물학적 문제로 보이는 것과 마찬가지다.

- 폴리매스다움을 고찰해 보는 가장 간단한 방법은 자동차 컨베이어 벨트 공장에서 조립 일을 하는 모습을 상상해 보는 것이다. 한 가지 기술밖에 없는 사람은 언제든지 쉽게 교체될 수 있다. 하지만 폴리매스다운 면모를 갖추면 갖출수록 더욱 다양한 기술을 보유하게 되므로 교체될 위험성도 줄어들 것이다.

2

폴리매스
정신

POLY
MATH

폴리매스가 어떤 사람인지 알았으니 이제 이들의 내면을 들여다보자. 그리고 이들에게서 어떤 점을 배워야 이 변화무쌍한 세상에서 성공할 수 있을 것인지 생각해 보자. 이를 위해서는 '오늘날 시장에서 어떤 기술이 주목받고 있는가?', '앞으로 어떤 기술이 부상할 것인가?'라는 단순한 질문보다는 한 차원 수준 높은 창의적인 질문을 던져야 한다.

폴리매스의 원동력은 못 말리는 호기심[25], 자기 분야를 사랑하는 마음, 탁월해지고 싶은 열망, 창조하고 표현하려는 욕구, 혹은 이 모든 것을 합한 그 무엇이다. 폴리매스들은 저마다 전문 분야는 다르더라도, 삶을 향한 열정이나 계속해서 나아가려는 기질은 놀랍도록 비슷하다.

폴리매스를 본받고 싶다고 해서 이들 삶의 여정을 되짚어 보고 그 업적만 모방하려고 한다면 그것은 크나큰 오산이다. 폴리매스가 어떤 업적을 남겼는지 일일이 헤아리기보다는 어떤 태도로 어떻게 일했는지를 깊이 들여다봐야 한다. 그들이 어떻게 해서 T형 인재에 머무는 데 그치지 않고 π형 인재나 빗 모양 인재로 나아갈 수 있었는지가 더 중요하다.

대다수의 사람들은 시대에 뒤처지지 않으려면 요즘 유행하는 최첨단 기술로 무장해야 한다고 잘못 생각한다. 예를 들면, 컴퓨터 코딩을 배우거나 암호 화폐 거래법을 공부해야 한다고 생각하는데, 이쪽 분야에 흥미를 느껴서가 아니라 그 분야를 선도하고 또 그 분야에서 탄탄한 입지를 다지고 있는 IT 거물들이 하는 말에 혹하기 때문이다.

안타깝지만 이는 두 가지 이유에서 지고 들어가는 전략일 수밖에 없다. 첫째, 유행이 유행으로 받아들여질 때라면 이미 정점을 찍고 내리막길에 들어선 이후이다. 둘째, 다른 사람을 모방하려고 하면 나만의 고유한 재능과 관점은 무용지물이 되고 만다.

적응성과 개방성

우리가 주목할 것은 폴리매스의 업적이 아니라 폴리매스의 정신이다. 폴리매스 정신은 특정한 분야나 주제, 사안에 크게 좌우되지 않는, 다재다능함과 유연성, 개방성 같은 내적 자질을 가리킨다.

이런 사람을 상상해 보자. 미래에는 의류를 디자인하고 제작하는 방식이 달라질 것이라 믿는 사람이 있다고 하자. 그는 앞으로 패션 업계에서 살아남으려면 윤리적으로 생산된 제품을 제공하여 환경을 생각하는 소비자에게 어필해야 한다고 주장한다. 여기까지는 좋다. 사실 그는 원단 구매 업무를 맡은 패션 업계 종사자인데, 신생 패션 브랜드를 구축하고 마케팅하느라 무진 애쓰고 있다. 그런데 정작 기성 패션 브랜드가 활용할 법한 전통적인 경영법에 의지한다. 게다가 융통성이 부족하고 기성 체제에 연연하다 보니 변화를 수용하거나 새로운 것을 선뜻 배우려 하지 않고, 산업 내의 미묘한 변화를 간과하며, 기존의 일 처리 방식이 더는 통하지 않는다는 경고 사인을 보지 못한다.

한편 패션과 무관한 업종에서 일하지만, 빈티지 의류를 사고파는 사업에 열정을 키워 온 폴리매스가 있다. 경영을 배운 적도 경험한 적도 없지만, 패션 업계 트렌드를 정확히 읽어 내고 의류 렌트 서비스와 중고 거래 시장에 장래성이 있다는 사실을 간파한다. 영감을 받은 그는 발 빠르게 움직인다. 그리고 1년이 채 못 되어 온라인 의류 교환 플랫폼을 론칭하고 크게 키워 패션 업계를 뒤흔든다.

이 이야기에서 업계 내부인인 전자는 기성 체제라는 틀을 깨고 나오지 못했지만, 외부인이자 폴리매스인 후자는 어떤 관행도 따르지 않으면서 전광석화처럼 성공을 이루었다. 이처럼 폴리매스는 선입견, 관례, 고리타분한 생각, 구관이 명관이라는 사고방식에 얽매이거나 제약받지 않고 문제에 접근한다.

요즘에는 이런 사례가 더는 이례적이지 않으며 차츰 흔해지고 있다. 경영을 크게 배운 적도 없고 경험한 적도 없는 창업가들이 급부상하여 유연성과 독창성, 대담한 배짱을 무기로 성공을 거두는 사례가 빈번하다.

결국 가장 중요한 것은 마음가짐과 태도이다.[26] 필요하다면 융통성을 발휘하고, 돌발 변수와 변화무쌍한 도전 과제를 편안하게 받아들이고, 더 나아가 능수능란하게 해결하겠다는 각오가 필요하다. 폴리매스라면 위기가 닥치고 나서야 살아남을 방법을 모색하는 일이 없다. 선제적으로 기회를 포착하여 한 발 먼저 움직이기 때문이다. 이들은 수동적인 생존 모드로 사고하지 않고, 누구 보다 앞장서서 별의별 아이디어와 주제를 탐구한다. 그리고 순전히 자기가 좋아서 열정을 불태운다. 이러한 까닭에 폴리매스의 행동을 단순히 모방하는 일은 무익하며, 폴리매스가 세상 사람들과 다른 길을 갈 때 그 기저에 깔린 마음가짐과 태도를 면밀하게 이해하는 것이 중요한 것이다.

그렇다면 폴리매스의 내면을 좀 더 자세히 들여다보자.

모든 폴리매스가 주는 첫 번째 교훈은 관행을 적정한 수준으로 무시할 줄도 알아야 한다는 것이다.[27] 창의적인 혁신가는 관행을 임시적인 규칙으로 여기며, 더 나은 규칙을 고안하거나 발견하기 전까지 잠정적인 모델로서 기틀을 잡아 줄 뿐이라고 생각한다. 이들은 옳고 그름이 불완전한 견해에 근거한다는 것을 알고, 자신의 사고력과 상상력이 통상적 관행에 얽매이지 않도록 한다.

인류에게 아직 친숙하지 않은 소재와 아이디어를 탐구하려면 일반적인 편견과 예단을 유보해야 한다. 그래서 발명가는 패기와 호기심으로 무장하고, 세상이 정답이라고 인정하는 범주 바깥으로 도약한다. 이렇게 행동하면 필연적으로 불확실성을 끌어안고 살아가야 하겠지만, 창의적인 지성인에게는 거대한 질문을 던지고 그 답을 찾아 나가야 하는 책무가 어느 정도 따르는 법이다.

역사에 길이 남을 대다수 폴리매스는 이 세상에 마음에 드는 해결책이 없다면 손수 만들어 내겠다는 호기로운 태도를 가지고 살았다. 그들의 확고한 자아[28]와 자유분방한 면모는 굳은 의지[29]에서 비롯되었다. 미지를 포용하고, 완벽한 정보가 없어도 일단 행동하며, 리스크를 감수하고, 자신에게 이래라저래라 하는 권위자가 이미 개척해 차지한 세계에 얹혀살지 않겠다는 의지에서 말이다.

폴리매스는 자주 실패하며 때로는 요란하게 실패하지만, 이를 개의치 않는다. 보통 사람이라면 앞이 보이지 않고 실패가 곳곳에 도사리는 상황을 못 견딜 테지만, 폴리매스는 이러한 여건에서도 꿋꿋이 전진하며 때때로 멋지게 성공한다.

순수한 호기심이 부족하거나 참지식과 실력을 쌓는 일에 애정을 갖지 않으면, 장기적이고 원대한 목표를 이루어 나가는 지난한 과정을 견디기 어렵다. 하지만 이 원대한 목표야말로 폴리매스가 보물처럼 간직하는 것이다. 폴리매스는 이루고자 하는 목표에 온 마음을 쏟고, 앞길을 가로막는 걸림돌을 가만히 두고 보지 않는다. 비합리적인 두려움이나 게으름도 이들의 앞을 막을 수 없다.

마지막으로 폴리매스는 자신의 별의별 관심사를 대하듯 자신을 대한다. 즉 스스로를 정형화된 틀에 가둔 뒤 지나치게 단순한 딱지를 붙이려 하지 않는다. 조금만 생각해 봐도 놀랍도록 많은 사람들이 자신에게 이런저런 딱지를 붙이려 하고, 그 딱지가 자신에게 굴레가 되는데도 별로 개의치 않는다. 반면에 폴리매스는 굳이 자신을 규정하려는 경우가 거의 없고, 최대한 많은 가능성과 여지를 남겨 둔다.

오늘날 성 정체성[30]과 성적 지향[31]을 규정하는 딱지[32]가 얼마나 많은지 생각해 보자. 게다가 지지 정당, 성격 유형, 혈액형, 세대, 사회 계급을 규정하는 딱지가 있고, 여기에 엄청난 의미를 부여할 수도 있다. 어떤 종교적 신념이 있는지 혹은 없는지를 규정하는 딱지가 있는가 하면, 응원하는 스포츠팀, 국적, 인종, 구독하는 언론사, 구사하는 언어와 관련된 딱지도 있다. 어떤 이는 DNA 검사를 통해 자신이 어느 인종 집단에 속하는지 정밀 검사하고서 딱지를 붙이기도 한다.

이처럼 딱지 붙이기가 만연하면 문제가 생긴다. 삶을 있는 그대로 받아들이고 자유롭게 살아가기가 어려워지기 때문이다. 대신, 나와 비슷한 부류가 사는 대로 살게 된다. 예를 들어, '난 R&B[33] 팬이 아니라서 R&B는 질색이야.'라고 스스로 규정한다면, 실은 아주 좋아할 수도 있었을 가수의 노래를 듣는 일을 원천적으로 차단해 버리게 된다. 이러한 정체성은 무엇이 나에게 어울리는지 혹은 어울리지 않는지를 섣불리 나누어 버리는 한계로서 작용하게 된다.

폴리매스는 정체성에 한계를 설정하지 않으므로 다양한 분야를 얼마든지 새로이 접하려는 특성을 보인다. 이들은 자기 생각과 행동과 질문이 또래와 비슷한지 신경 쓰지 않고, 마음을 바꾸는 일이나 이전에 좋았던 것이 여전히 좋은지 묻는 일을 겁내지 않는다. 해답과 목표를 추구할 때도 수단에 한계를 두지 않으며, 선입견과 예단과 자존심을 멀찍이 밀쳐 둔다.

자신을 어떻게 규정하는지가 앞으로 자신이 접하게 될 경험과 지식을 좌우한다. 심지어 자의식은 자기실현적 예언[34]이 될 수도 있다. '나는 이런 사람이다.'라고 자꾸 말하다 보면 이를 뒷받침할 만한 행동을 자주 하게 되므로 결국 자신의 생각이 실제로 이루어지는 결과를 가져올 수 있다.

마음가짐을 바꿔 폴리매스처럼 살고 싶다면, 내가 어떤 선택을 내리고, 어떤 생각을 하며, 어떤 질문을 던지는지 성찰해 보자. 단순히 나의 정체성과 관련된 선입견에 맞추어 행동하고 있지는 않은가? 여러분이 중국계 미국인이라면 중국계 미국인이라는 이유로 다른 중국계 미국인처럼 투표하고, 쇼핑하고, 말하고, 일하지는 않는가? 사람은 변하기 마련이다. 하지만 언젠가 나의 현재 정체성에 반하는 일을 하거나 원할 수 있다는 가능성조차 부정한다면, 결코 변할 수 없다.

변화에 발맞춰 카멜레온처럼 능수능란하게 변신하고 유연하게 사고하는 폴리매스가 되는 비결은 지금의 자기 모습과 능력치에 연연해하지 않는 것이다. 10년 전, 20년 전의 나와 지금의 나는 같은 사람인가? 만약 '아니오.'라고 대답했다면, 현재 모습이 영원히 변치 않을 최종적인 모습인 것처럼 여겨서는 안 될 것이다.

너무나도 당연하게 받아들일 만한 자기 정체성조차 언제든지 변할 수 있는 것이라고 생각하는 폴리매스는 새로운 변화와 기회를 혼란스럽게 여기지 않고 이를 개방적으로 받아들여 자신을 빠르게 성장시킨다. 폴리매스는 더는 통하지 않을 고루한 생각에 매달리지 않고, 자기 잘못을 시인하는 일을 겁내지 않으며, 상당한 투자가 이루어진 프로젝트를 폐기하는 일조차 두려워하지 않는다.

이지적이고 호기심 많은 폴리매스에게는 정체성이 고정되고, 모든 의문이 해소되고, 삶이 제자리에 머무는 최종 상태란 존재하지 않는 개념이다. 물론 그들도 자신이 소중하게 여기는 가치를 고수할 수도 있고, 그들만의 기호나 그들만의 습관을 가질 수도 있다. 하지만 폴리매스는 대부분의 사람들과는 달리 이러한 가치나 기호, 습관에 대해 자주 의문을 던지고, 그것을 간직해도 더할 나위 없이 좋을지, 아니면 더 개선해 나갈 수 있을지를 끊임없이 고민한다.

폴리매스는 자신을 증명하는 데 시간을 낭비하려 하지 않는다. 그들에게 자기 정체성이란 목표를 이루기 위한 하나의 수단일 뿐이다. 그래서 진정한 위인들은 자존심을 세우거나 자신이 어떤 사람인지 보여 주려고 애태우지 않으며, 종종 '천재'라는 칭찬을 들으면 꽁무니를 빼려 한다. 그들은 내가 누구인가가 아니라, 내가 무엇을 하는지, 내가 무엇을 아는지, 내가 무엇을 더 배울 수 있는지를 훨씬 더 중요하게 여기기 때문이다.

◇◇◇◇◇◇◇◇◇
실험 정신

요컨대 폴리매스를 간단히 정의하기는 어렵지만 열린 마음을 지녔고, 호기심이 많으며, 대담한 사람이라고 보는 것이 좋을 듯하다.

폴리매스 세계관을 구성하는 또 다른 요소는 이른바 '실험 정신[35]'이다. 역사에 길이 남은 유명한 폴리매스 가운데 상당수가 자연 과학 분야에 어떤 식으로든 깊이 파고들었던 데에는 특별한 이유가 있다. 과학 실험이 폴리매스의 타고난 호기심을 가장 잘 포착하고 가장 잘 형식화해 주기 때문이다. 이들은 과학 실험을 통해 다음과 같은 질문들을 던진다. '만물이 구동하는 참 원리는 무엇일까? 어째서 이 물체는 다른 방식이 아닌 이런 방식으로 움직일까? 현상을 더욱 자세히 들여다보려면 어떻게 해야 할까? 이렇게 하면 어떤 일이 벌어질까? 이것은 내가 알고자 하는 특정 현상과 관련하여 어떤 점을 시사할까?'

누구에게나 장려되어야 하고, 또 사람마다 소질에 따라 개인차가 있기는 하겠지만 확실하게 키워나갈 수 있는 능력이 과학적 사고 능력이다. 이 능력을 키우기 위해서는 무엇보다 중요한 것이 있다. 무엇이 되었든 섣불리 판단하려 하지 않고 직접 실험해 확인해 보려고 하는 사고의 전환이 바로 그것이다. 모든 사람이 옹호하는 가설이지만, 확실한 증거가 없다면, 또는 새로운 기획이나 아이디어가 어떤 식으로 전개될지 예상되지 않는다면 자신이 직접 실험해 보는 것은 어떨까?

머리에 쉽게 그려지는 물리학 실험이나 화학 실험과 달리, 일상에서는 실험 정신이라는 개념이 다소 생소할 수밖에 없다. 하지만 실험 정신을 가지고 삶의 면면에 진취적으로 임했을 때 얻게 되는 실질적 이점은 무수히 많다. 가령, 막연하게 구상만 하던 아이디어를 어떻게 구현할지 실제로 고민하다 보면, 강제로라도 실천에 옮기게 되므로 완벽주의 성향 탓에 아이디어가 죽도 밥도 되지 못하는 상황을 막을 수 있다.

완벽한 타이밍이나 완벽한 기회를 기다리다 보면 아무것도 할 수 없고 아무것도 배울 수 없다. 반면에 완벽하지 않더라도 어떤 일에 도전하고 색다른 시도를 한다면, 도전을 차일피일 미루며 꾸물거리기만 할 때보다 훌쩍 성장할 수 있다.

또한, 실험을 통해 모든 과학자가 탐내는 양질의 데이터를 손수 얻을 수 있다. 허구한 날 가설만 세우면 이를 뒷받침할 만한 실체적 근거를 얻을 수 없다. 정말로 유용한 정보는 실험을 통해서만 손에 넣을 수 있는 것이다.

아울러 실험이라는 명목하에 색다른 일을 시도하면 어떤 성과든 낼 수 있다. 자기 계발과 도전 과제, 목표 등에 실험이라는 이름을 붙이면 부담감을 덜어내고 빠르게 행동을 개시할 수 있다. 우리는 어떤 일을 해 보지도 않고서 걸핏하면 못 하리라 속단하곤 한다. 이런 굴레에서 벗어나려면 일단 나에게 제대로 시도할 기회부터 주어야 한다.

　일상에서의 실험 정신은 우리에게 변신할 기회를 마련해 준다. 색다른 일에 도전한다면 세상을 향해 이렇게 소리치는 셈이다. '나는 결과에 연연하지 않아. 그저 궁금할 뿐이야. 이번 도전이 더 멋지고 근사한 일로 이어질지 누가 알겠어?' 노년에 이르러 젊은 시절에 하지 않은 일을 두고 한탄하는 사람을 본 적이 있을 것이다. 도전하는 사람이라면, 자신이 가지 않은 길이 어떻게 펼쳐졌을까 궁금해하지 않는다. 차라리 그 길을 직접 가 보고 직접 확인한다. 그 결과, 선택의 지평이 넓어지고 새로운 모습으로 거듭날 가능성이 커진다.

　실험이라고 하면 보통 엄격하고 격식적인 연구소 실험을 떠올린다. 하지만 우리도 언제든 나만의 방식대로 일상 속 실험을 펼칠 수 있다. 만약 여러분이 어떤 일을 시작할 엄두를 못 내고 있다면, 자신이 호기심 넘치는 폴리매스 과학자가 된 것처럼 궁금하니까 테스트만이라도 해 보자고 생각하자. 심각해질 필요는 없다. '이런 시도를 하면 어떤 일이 벌어질까?'라고 질문하며 상상해 보기만 해도 된다. 30일 동안 새로운 취미나 습관을 갖는다면? 입에 맞지 않을지 몰라도 새로운 음식에 도전해 본다면? 조금 겁이 나더라도 새로운 제안을 수락한다면?

　일상 속 실험을 통해 쳇바퀴처럼 반복되는 평범한 하루와 틀에 박힌 습관에서 벗어나 색다른 일에 도전해 보고 어떤 결과가 이어질지 상상의 나래를 펼쳐 보자. 이런저런 일을 시도해보고 나면 일상 속 실험이 주는 유익함을 몸소 느끼고서 힘껏 도전해 보지 않았다면 후회할 뻔했다며 가슴을 쓸어내릴지도 모른다.

사소한 도전에서 구체적인 성과를 내면 삶의 주도권이 나에게 있다는 자신감을 가질 수 있다. 또한, 질문을 던지고, 해답을 찾고, 피드백을 반영하는 과정을 통해 다음번에는 더 나은 질문을 던질 수 있다. 달리 말하면, 꾸준히 배우고 성장해 나갈 수 있게 되는 것이다.

마지막으로, 여러분 삶에서 실험 정신을 구현하고 싶다면 그것이 가능한 기반을 마련하는 것이 중요하다. 하지만 어떻게 해야 할까? 마음껏 시도해도 안전하다고 느낄 수 있는 분위기를 조성하면 된다. 실패하더라도 엄청난 후폭풍이나 압박에 시달리지 않으리라는 확신이 있어야 마음껏 실험할 수 있다.

창의성과 호기심은 위협적이거나 적대적인 분위기에서는 결코 꽃 필 수가 없다. 우리 마음은 위협을 인지하는 순간 얼어붙어 보수적인 생존 모드로 바뀌는 경향이 있으므로, 그런 분위기에서는 폭넓게 탐구하고 창의력을 발휘하는 일은 뒷전으로 밀려난다. 따라서 폴리매스처럼 살고 싶다면, 삶 속에 놀고, 탐구하고, 질문을 던질 수 있는 여유를 마련하고, 자신에게 들이대는 엄격한 잣대나 완벽해야 한다는 강박을 모두 버려야 한다.

우선, 실패에 대한 정의부터 바꾸자. 실패를 께름칙하게 여기는 태도는 전혀 도움이 되지 않는다. 실패를 현재에도, 또 미래에도 당연히 함께할 수밖에 없는 여정의 동반자로 여기자. 실패는 굴욕이 아니다. 내가 하는 일이 잘못되었다는 증거도 아니며, 내가 잘못되었다는 증거는 더더욱 아니다. 오히려 실패는 학습과 성장에 필수불가결한 요소라 할 수 있다. 그러므로 실패를 여정의 장애물이 아닌 일부라고 받아들이고 존중하는 법을 배워야 한다.

실험 정신이란 궁극적으로 영원히 실험하며 살겠다는 다짐이다. 새롭게 시도하고, 결과를 확인하고, 주어진 결과를 토대로 조정하고, 다시 시도하는 과정을 눈감는 순간까지 반복하는 것이다.

변화와 실패를 받아들이는 회복 탄력성[36], 열정, 호기심을 나의 중심에 두면 마음이 달라지기 시작한다. 마음의 무게 중심이 결과가 아닌 과정으로 점차 이동한다. 여정 끝에 주어지는 성취감이라는 상만 바라던 마음이 지식을 구하러 가는 여정 자체를 즐기기 시작한다. 수많은 폴리매스가 결과가 아닌 과정에 집중하는 방법을 스스로 깨우쳤다. 이들은 창작하는 과정 자체가 재미있기에 창작하며, 문제를 풀어나가는 경험을 자체를 즐기기에 문제를 해결한다.

시간이 지나, 실험 정신을 삶에 구현하려는 부단한 노력이 내면화되고 몸에 밴 즐거운 습관이 되면, 자신의 현재 상태를 끊임없이 업데이트하고 재평가할 수 있게 된다. 말하자면, 배우고 성장하는 일이 제2의 천성이 되어 의식적으로 하는 일이 아니라 즐겁게 하는 일이 된다. 과정에 집중하면 설사 실패처럼 보이는 결과가 나오더라도 거의 상심하지 않는다. 실험 정신과 열린 태도를 유지하는 한 결과에 상관없이 여러분은 언제나 승리자다.

◇◇◇◇
초심

어느 분야에 몸담은 지 몇 년이 지나서도 자신을 여전히 초보자나 아마추어로 여기는 초심자의 태도는 세상을 배움의 터전으로 삼아 부단히 자기 계발하고, 유연한 정신을 유지하는 데 큰 도움이 된다. 초심자를 정의하면, 동기가 무엇이든 상관없이 새로운 일을 시도하고 열린 자세로 살아가려는 사람이다.

폴리매스를 다방면의 '전문가'로 보는 관점에는 한 가지 문제점이 있다. (심지어 전문가 사이에서도 존재하는) 전문가에 대한 일반적인 오해는 일단 전문가가 되고 나면, 더는 새로운 지식을 배울 필요가 없다는 것이다. 전문가는 주어진 분야에 존재하는 모든 지식을 섭렵한 사람이므로 더 배울 것이 남았다는 암시조차 모욕이 된다. 이미 최고의 경지에 이르렀으니 이제 내려갈 일만 남았지, 더는 올라갈 곳이 있겠는가.

하지만 진정한 전문가는 초심자와 그 마음가짐이 별반 다르지 않다. 어느 분야의 전문가가 되기로 마음먹은 사람이라면 그 분야를 일평생 공부할 각오부터 해야 하기 때문이다. 한참 전에 대가의 반열에 오른 전문가도 아직 모르는 게 너무나 많다는 사실을 연신 깨닫고 공부를 멈추지 않는다. 이처럼 참다운 전문가는 지식의 구멍을 메우는 일을 절대 게을리하지 않는다. 그래서 초심자와 다를 바 없이 언제든 새로운 지식과 통찰을 받아들일 태세를 취하고 있다.

'초심[37]'이란 선불교의 가르침에서 비롯된 단어로 '열린 마음으로 열의를 가지고 선입견 없이 학문을 연마하고, 실력이 상당한 수준에 이른 후에도 마치 처음처럼 공부하는 자세'를 일컫는다.

초심을 간직하려면, 지금 하는 일에 이골이 나고 세상사가 빤하게 들여다보이더라도, 자신을 거듭 쇄신하여 새로운 상황은 물론이고 익숙한 상황조차 처음처럼 경험하려는 태도가 필요하다. 경험에 대한 일체의 선입견과 사전 지식을 버리고, 모든 일을 처음 겪는 사람처럼 호기심과 경이로움으로 경험을 대해야 한다.

이런 상상을 해 보자. 침실에서 창밖을 내다보는데 얼룩말 한 떼가 지나가고 있다(여러분에게 흔히 일어나는 익숙한 상황이 아니길 바란다). 처음의 충격이 차츰 가시고 나면, 제일 먼저 무슨 생각과 의문이 떠오를까?

어쩌면 전에 겪은 어떤 일이나 영화에서 본 어느 장면이 머리에 스칠지 모른다. 이 모든 해프닝을 이해하기 위해 앞서 무슨 일이 있었는지, 또 앞으로 무슨 일이 벌어질지 상상하며 그 상황에 맥락을 부여하려 할 수도 있다. 처음엔 알아차리지 못하다가 광경이 눈에 익으면 놀랍고 기이한 점을 발견할 수도 있다. 여러분은 틀림없이 '왜'와 '어떻게'를 남발할 것이다. 온갖 감각과 자극을 받아들이느라 압도되는 기분도 들 것이다. 아는 것보다 알고 싶은 것이 더 많을 테고, 이런 일이 일어나는 게 어떻게 가능한지, 그 확률은 얼마나 되는지 헤아리는 데

온 신경을 집중할 것이다.

다른 말로 표현하면, 여러분은 지금 열린 자세로 경이로움을 느끼며 얼룩말 떼를 바라보고 있다. 창밖을 내다봤는데 좀 특이한 새나 다람쥐가 있었다면 이만큼의 호기심이나 관심이 일지는 않았을 것이다.

이제 다른 예로 넘어가서 악기를 배우는 상황을 가정해 보자. 새로운 악기를 쥔 여러분은 질문이 넘쳐나서 당최 어떤 질문부터 해야 할지, 뭘 어디서부터 손대야 할지 몰라 쩔쩔맬 것이다. 무엇이 중요하고 무엇이 중요하지 않은지 분간이 되지 않으니, 처음에는 모든 게 거대하게 다가올 수 있다. 악기를 어떻게 다루어야 망가뜨리지 않을지, 악기의 한계가 궁금할 테고, 그다음에는 악기가 가진 모든 기능이 궁금할 것이다. 신기한 것 투성이면서도 악기를 부러뜨리거나 실수를 저지를까 봐 조심스러운 마음도 들 것이다. 질문이 샘솟지만, 대답을 들어도 궁금증이 속 시원하게 해소되지 않을 것이다. 그리고 악기에서 받은 첫인상을 오랫동안 잊을 수 없을 것이다.

이런 마음이 초심의 밑바탕이 된다. 마음을 백지처럼 비우고 정말 아무것도 모르는 사람처럼 행동하면 호기심 어린 질문이 샘솟는다. 그럼, 이미 모든 답을 아는 사람처럼 행동할 때보다 훨씬 수월하게 지식을 습득할 수 있다. 초심을 간직한 폴리매스는 초보적인 질문도 거리낌 없이 던질 수 있다. 소위 전문가는 자세히 알아보지도 않고 경험과 추측에 의존하여 일을 처리할 때가 많다. 하지만 초보적인 질문도 부담 없이 던질 수 있는 초심자는 어떤 결정도 추측이나 우연에 맡기지 않고 투명하고 확실하게 처리한다. 전문가이기 때문에 갖게 되는 맹점도 있다. 한 분야의 패턴에 너무 익숙해진 탓인데, 문제는 이러한 패턴이 반드시 새로운 상황에 적용되지 않는다는 데서 발생한다.

낯선 상황뿐만 아니라 익숙한 상황도 처음처럼 경험하는 연습을 해 보자. 이를테면, 운전할 때 습관적으로 하던 일을 의식적으로 하면서 그 행동을 소리 내어 말해 보고, 오랫동안 관심을 두지 않았던 여러 감각에 새삼 집중해 보는 것이다. 운전대의 굴곡을 피부로 느끼고, 대시보드 주행 기록계의 반짝임에 눈길을 주고, 에어컨 소리에 귀를 기울여 보자. 이토록 작고 사소한 디테일이 이전에 경험하지 못한 새로운 요소나 인상을 드러내 보일 수 있다.

초심은 우리에게 속도를 늦추고[38], 선입견을 거두고, 오랫동안 대수롭지 않게 생각한 것들에 주의를 기울여 보라고 말한다.

◇◇◇◇
믿음

믿음은 언뜻 단순해 보이지만 누구나 지닌 자질은 아니다. 폴리매스는 맹목적인 믿음에서든, 앞으로 나타날 장애물에 대한 무지에서든, 시간과 노력과 정성을 들이면 끝내는 원하는 해결책이나 목표에 도달하리라고 믿는다. 그리고 그 과정에서 깊이 있는 지식을 얻어, 여러 갈래로 발전시키기도 한다. 혹여 해낼 수 있다는 자신감이 부족하더라도, 배우고, 성장하고, 어떤 목표라도 이루다 보면 그는 결국 해낼 수 있는 사람이 된다.

영국의 육상 선수인 로저 배니스터Roger Bannister를 예로 살펴보자. 육상 경기 팬이나 육상 역사학자가 아닌 이상, 로저 배니스터라는 이름이 생소할 것이다.

로저 배니스터는 1954년에 세계 최초로 1마일(약 1.6km) 달리기에서 마의 4분 벽을 깬 인물이다. 마의 4분 벽은 오랫동안 깨지지 않은 기록이었다. 많은 선수가 계속해서 근처까지 갔지만, 결코 그 벽을 넘어서지는 못했다.

1마일을 뛰려면 육상 트랙을 네 바퀴 돌아야 한다. 따라서 1마일을 4분 안에 주파하려면 트랙 한 바퀴를 1분 안에 도는 페이스를 유지해야 했는데, 이는 불가능한 일로 여겨졌다. 인간이 1마일을 4분 안에 주파할 수 있다는 생각은 환상처럼 보였고, 육상 전문가조차 인간이 결코 달성할 수 없는 기록이라고 단언했다. 물론, 시대적 배경이 수십 년 전임을 참작해야 한다. 현대적 의미의 육상 경기가 아직 초기 단계에 머물던 시절이었고, 육상 훈련법이나 선수들 영양 상태, 육상에 대한 대중적 관심이 오늘날 수준에 한참 못 미쳤다. 그 당시 육상 선수들은 현대의 기술과 비교하면 턱도 없이 열악한 여건에서 경기를 치렀다.

당시에 1마일 달리기 세계 기록은 10년이 넘도록 4분 1~2초대에 머물러 있어서, 마침내 인간이 신체적 한계에 도달했다는 주장에 힘이 실리고 있었다. 1마일 달리기 기록은 현대 올림픽이 처음 개최된 1896년 이래로 꾸준히 단축되어 왔다. 그때 1,500m 육상 경기에서 금메달리스트가 4분 33초의 기록을 세웠는데, 이를 1마일로 치환하면 대략 4분 46초의 기록이었다. 그 후 기록을 무려 4분 1~2초까지 단축한 것인데, 분명히 한계가 존재할 터였으므로 드디어 그 한계에 맞닥뜨린 듯했다.

물론 현대에 와서도 100m 달리기에서 마의 10초 장벽과 같이 인간에게 돌파할 수 없는 신체적 한계가 있다는 생각이 존재하긴 했다. 참고로 언급하자면, 2020년 기준으로 1마일 달리기 세계 기록은 모로코의 히샴 엘 게루주Hicham El Guerrouj가 세운 3분 43.13초이다.

1952년, 헬싱키 하계 올림픽에 참가한 배니스터는 1,500m(약 1마일) 경기에서 4위로 들어와 아쉽게 메달을 놓쳤다. 크게 상심한 그는 이때 경험을 계기로 1마일을 4분 안에 주파하겠다는 목표를 세웠다.

그러고선 이 야심 찬 목표를 달성한다면 아쉬움을 훌훌 털어버릴 수 있으리라고 생각했다. 동시대 여타 육상 선수나 전문가와 달리 그는 1마일을 4분 안에 주파하는 일이 현실적으로 가능하다고 믿었으며, 그 믿음을 가지고 훈련에 임했다. 그리고 '이 목표를 과연 이룰 수 있을까?'라고 생각하는 대신 '이 목표를 언제쯤 이루게 될까?'라고 생각했다. 이처럼 목표를 틀림없이 이룰 수 있다고 철석같이 믿고, 심지어 목표를 이룬 이후의 계획까지 세워 두면, 그렇게 하지 않았을 때와 완전히 행동이 달라진다.

1954년, 당시에 의대생이던 배니스터는 마의 4분을 벽을 넘어서기 위해 본격적으로 전력투구했다. 그리고 5월 6일, 마침내 4분보다 0.6초 빠른 3분 59.4초라는 기록을 세워 위업을 달성했다. 입이 떡 벌어진 사람들이 그를 초인으로 추켜세웠다. 1975년, 그는 육상계에 이바지한 공로를 인정받아 기사 작위를 받았고, 이후 장수를 누리며 영국 안팎에서 운동선수의 권익을 대변했다. 그리고 이 모든 업적을 이루는 동안 수련의 과정을 거치고 신경과 전문의로 일했다.

하지만 이야기는 여기서 끝이 아니다. 마의 4분 장벽을 넘어선 로저 배니스터 경의 이야기에서 믿음이 그 진가를 발휘하는 부분은 따로 있다. 배니스터가 세계 기록을 세우고 두 달이 채 지나지 않아서 호주 출신의 달리기 선수 존 랜디John Landy가 마찬가지로 마의 4분 장벽을 깨고 배니스터의 세계 기록까지 갈아치웠다. 이듬해에 추가로 세 명의 선수가 1마일을 4분 안에 주파했다. 오랫동안 많은 선수에게 좌절감을 안긴 마의 4분 장벽을 그 후 10년 동안 십여 명의 선수가 넘어섰다.

로저 배니스터가 1954년 5월 6일 마의 4분 벽을 깨고 1마일 경주 결승선을 통과하고 있다.

바로 이것이 믿음이 가진 힘이다. 우리는 할 수 있는 일과 할 수 없는 일이 따로 있다고 으레 선입견을 품는다. 하지만 선입견은 우리에게 굴레를 씌울 뿐이다. 무슨 일이 가능하고 무슨 일이 불가능한지, 내가 어떤 일을 해낼 수 있고 어떤 일을 해낼 수 없는지, 내가 어떤 사람이 될 수 있고 어떤 사람이 될 수 없는지 규정함으로써 스스로 가능성을 박탈한다. 믿음이 없는 사람은 자신을 공연히 한계에 가둔다. 그렇게 자기 앞길을 자기가 막아 제대로 날개조차 펴보지 못하는 것이다.

배니스터가 역사적인 기록을 세운 이후 불과 몇 달 사이에 1마일을 4분 내로 주파한 네 명의 선수에게 어떤 신체적 변화가 생긴 것은 아니었다. 마법처럼 발에 날개가 돋아난 것도, 오늘날 선수라면 복용할 수도 있었을 경기력 향상 약물을 복용한 것도 아니었다. 훈련 습관이나 방식도 그대로였다. 다만 달라진 점이 있었다면, 할 수 있다는 믿음이 생겼다. 선수들은 4분이라는 벽이 깨질 수 있다는 사실을 확신했고, 그래서 그 벽을 깨기로 작정했다. 달라진 것은 그뿐이었다.

로저 배니스터는 무엇이 가능한지 새롭게 정의하고, 다른 사람들에게 믿음을 불어넣었다.[39] 자기 목표가 실현 가능하다고 스스로 믿지 않았다면 그는 4분 1초라는 기록에 만족했을 것이다. 그러다가 나중에 존 랜디가 나타나서 세계 최초로 마의 4분 장벽을 깨는 것을 보고 여생을 쓰라린 미련 속에서 살았을 것이다.

폴리매스는 자신이 최고가 될 수 있고, 탁월해질 수 있다고 믿는다. 그리고 손을 뻗으면 닿는 자리에 원하는 목표가 놓여 있다고 믿는다. 조금 더 정확히 말하자면, 손이 닿을 듯 말 듯 한 자리에 원하는 목표가 놓여 있다고 믿는다. 그리고 이렇게 애타는 믿음을 강력한 동기로 삼아 더욱 분투한다. 폴리매스는 장애물을 극복할 수 있다고 믿고, 장애물이 얼마나 거대하든 상관없이 끈질기게 버틸 수 있다고 믿는다. 실패와 좌절을 겪더라도 여정 중에 잠시 쉬어가는 것이려니 생각한다.

그리고 이러한 근성은 폴리매스 정신의 마지막 요소인 투지로 이어진다.

◇◇◇◇
투지

진정한 폴리매스가 되고자 한다면 마냥 편하고 재미있는 일만 하려 해서는 안 된다. 원대한 포부를 이루는 일이 본래 그렇다. 조금 성가시고 괴롭더라도 꿋꿋이 할 일을 해내는 것이 핵심이다.

세상에는 지름길도, 요령도, 공짜도 없다. 장기적인 관점에서 보면, 괴로움과 불안함을 견디는 데 도가 튼 사람들, 원대한 목표를 위해 찰나의 즐거움을 참아가며 자기 진가를 유감없이 발휘하는 사람들이 성공을 차지한다.[40] 말하자면, 폴리매스가 되는 길은 좁고 불편하다.

누구나 멋지게 성장하고 싶은 마음은 매한가지지만, 성장에는 성장통이 따른다. 다음 단계로 나아가는 일이 때로는 불안하고 두렵게 느껴지는 데다가 즉각적인 즐거움을 주는 일이나 익숙하고 편안한 습관을 모두 포기해야 하기 때문이다. 하지만 성장하고 발전하려면, 나의 활동 반경을 확장하고 리스크를 무릅쓰며 미지를 탐색해야 한다. 성장이란 낡은 안전지대를 벗어나지 않는 한 해낼 수가 없는 일이다. 새로운 변화가 고통스럽게 느껴질 때도 있다. 옛것은 사라졌는데 아직 새것은 미약하고 불확실하기 때문이다.

인생을 살면서 재미있는 일만 할 것이라면 절제력을 기를 필요도 없다. 원래 재미있는 일은 특별한 기술을 갖추거나 애를 쓰지 않아도 즐겁게 할 수 있다. 하지만 보람찬 인생을 살고 싶다면, 절제력을 길러서 재미없는 일도 해낼 수 있어야 한다. 괴로움, 불안함, 불편함 같은 감정을 성공의 기쁨을 향해 가는 길목에 놓인 장애물로 치부하기보다 삶의 일부로서 포용하고 현명하게 관리해야 더 큰 기쁨을 맛볼 수 있다.

불편함을 단순히 견디는 것으로도 모자라 삶의 일부로서 포용하는 연습을 하라니, 얼토당토않은 말이라고 느낄 수 있다. 그런 연습은 재미있어 보이지도 않고, 실제로도 재미가 없다. 하지만 불편함을 기꺼이 끌어안을 줄 알게 되면, 찰나의 쾌락과 덧없는 환상만 좇을 때보다 장기적으로 훨씬 값진 보상을 얻을 수 있다.

절제력을 기르고 불편함과 친해져야 하는 까닭은 간단하다. 누구나 인생을 살다 보면 어쩔 수 없이 어느 정도 불쾌한 일을 마주해야 하기 때문이다. 하기 싫은 일을 해야만 할 때, 마냥 하기 싫다고 불평하기보다 마음을 고쳐먹고 그 일을 새롭게 바라보려고 노력하면, 거기서 보람과 의미와 즐거움을 발견할 기회가 열린다. 그러면 삶이 좀 더 편안해지고, 우리는 세상이 우리 일상에 던져 놓은 시험이나 고충을 넘어설 만큼 크고 강한 사람이 된다.

절제력을 갖춘 사람은 뜬구름을 잡지 않고 현실적이다. 일에 분명한 목표를 설정하고 역량을 한 곳에 집중하므로 더 많은 성과를 올릴 수 있다. 절제력은 단순히 원한다고 얻어지는 것이 아니며, 이론으로 배울 수 있는 것도 아니다. 매일, 매 순간, 거듭 훈련하며 체득하는 것이고, 실천적 삶의 영역에서 부단히 연마하는 것이다. 가장 편한 길로 빠져나가려는 유혹과 노력하지 않아도 성공할 수 있다는 달콤한 말이 가득한 이 세상에서 절제력은 반드시 함양해야 하는 덕목이다.

언뜻 생각하면 즐거움을 좇는 일이 당연하게 여겨진다. 그냥 좋은 게 좋은 거 아닐까? 하지만 여러분은 틀림없이 알고 있다. 인생에는 맑은 날만 있는 게 아니고 반드시 궂은 날도 있으며, 그때는 괴로워도 어쩔 수 없이 원치 않은 일을 마주해야 한다는 사실 말이다. 이러한 인생의 이치를 잘 안다면, 반짝이는 목표만 맹목적으로 좇다가 일이 계획대로 풀리지 않았을 때 두 손 놓고 주저앉을 수는 없는 노릇이므로 미리 대책을 세워 두는 편이 낫다.

싫어도 견뎌야 하는 상황이 정말로 닥치기 전에, 내가 먼저 괴로움, 불확실성, 회의감, 리스크를 견디는 연습을 해 두면, 그 과정에서 절제력을 발휘하고 배양할 수 있으므로 혹시 모를 미래의 어려움에 대비할 기회가 된다. 비유를 들자면, 미리 맨발로 걷는 연습을 하면 나중에 신발이 사라지더라도 크게 동요하지 않게 되고 신발의 필요성에 연연해 하는 마음도 줄어드는 이치다. 게다가 어려움이 닥쳤을 때 그저 참고 견디는 것 이상의 역량이 내게 생겼다는 자신감이 마음 깊숙한 곳에서 싹튼다. 이런 자신감은 든든한 힘이 되어 준다. 인생의 도전 과제를 미리 내다보며 덤빌 테면 덤벼 보라는 배짱으로 맞서고 품위와 투지를 잃지 않도록 해 주는 힘 말이다.

맨발로 걷는 연습은 미래의 어려움에 미리 대비한다는 점에서 일종의 백신 접종인 셈이다. 역경이 닥쳤을 때 괴로운 마음은 똑같더라도, 죽지는 않는다는 든든한 자신감으로 무장하고 역경을 통과할 수 있다. 역경을 견디는 훈련을 마치고 더욱 강한 나로 거듭난 후인데 어떻게 역경이 나를 죽일 수 있겠는가?

마냥 즐거운 일만 좇으며 괴로운 일은 외면할 수 있다. 반면에 삶에는 즐거운 일만큼 괴로운 일도 많으리라는 사실을 인정하고 받아들일 수도 있다. 그래서 지혜롭고 성숙하게 대비한다면, 거대한 파도가 밀려오더라도 침착함을 잃지 않고 멋지게 넘어서며 나는 어떤 상황에서도 나를 꽃피울 능력이 있다는 믿음을 지킬 수 있다.

그러므로 형편이 좋을 때 미리 대비해야 한다. 인생이 쓴맛을 보여 줄 때까지 기다리지 말고 선제적으로 능력을 갖추자. 절제력을 기르는 훈련을 당장 시작해서 주도권을 잡자. 이 작은 노력이 내가 나를 대하는 태도와 삶을 대하는 태도에 큰 변화를 가져온다. 할 일은 간단하다. 평소보다 불편해지는 연습을 하는 것. 이를 통해 더욱 강한 사람으로 거듭날 기회를 스스로 선사할 수 있다.

다음은 로마의 황제이자 철학자였던 마르쿠스 아우렐리우스Marcus Aurelius의 『명상록』[41]에서 발췌한 문단이다. 우리가 불편함에 굴복하여 인생에서 이루고자 하는 목표를 향해 정진하지 않는다면 무엇을 잃게 되

마르쿠스 아우렐리우스
Marcus Aurelius

는지 알려준다.

> 동이 트는데 잠자리에서 나오기 힘든 날이면 이렇게 생각하라. '나는
> 인간으로서 할 일을 하러 가야 한다. 그 일을 하기 위해 태어났고 세상
> 에 나온 것인데 어째서 불평한단 말인가? 내가 창조된 이유가 과연 이
> 것인가? 이불 밑에 웅크리고 누워 온기를 즐기는 것?'
> '하지만 침대에 누워 있으니 편하지 않은가…'
> 그렇다면 너는 '편안함'을 느끼려고 태어난 것인가? 일하고 경험하기
> 위해 태어난 것이 아닌가? 한낱 식물과 새, 개미, 거미, 꿀벌도 모두 제
> 할 일을 하면서 세상의 질서를 유지하고자 온 힘을 다하지 않는가? 그
> 런데도 인간으로서 할 일을 하지 않으려는 셈인가? 어째서 본성이 명
> 하는 일을 하기 위해 뛰지 않는 것인가?
> '하지만 자는 시간도 필요하지 않은가…'
> 그 말도 맞다. 하지만 자연은 잠의 한계를 정해 두었다. 먹고 마시는 일
> 에 한계를 정해 둔 것과 마찬가지다. 그런데 너는 그 한계를 넘어섰고,
> 충분한 수면 그 이상을 취했다. 하지만 일은 충분히 하지 않았으며, 주
> 어진 할당량을 아직 채우지 못했다. 너는 너 자신을 충분히 사랑하지
> 않는다. 너 자신을 충분히 사랑한다면 너의 본성도 사랑할 것이고, 본
> 성이 네게 명하는 일도 사랑할 것이다. 자기가 하는 일을 사랑하는 사
> 람은 자신을 소진해 가며 그 일을 하며, 심지어 씻거나 먹는 일도 잊어
> 버린다.

마르쿠스 아우렐리우스의 표현처럼 폴리매스는 '자기가 하는 일을 사랑하는 사람'이다. 이들은 장기적인 관점에서 목표를 이루고 충만한 삶을 영위하는 데 도움이 된다면, 기꺼이 불편함을 감수한다.

요점정리

- 폴리매스라면 저마다 활동 분야는 다르더라도 내적 특성은 대단히 비슷하다. T형 인재와 달리, π형 내지는 빗 모양 인재가 되려면 진취성, 호기심, 열린 태도와 같은 공통된 자질이 요구되기 때문이다. 가령, 레오나르도 다빈치 같은 사람이 생전 처음 보는 문제에 봉착했다고 해서 '다른 사람이 어련히 해결하겠지. 나는 잘 모르는 문제니까 낮잠이나 자자.'라고 생각할 리 만무하다.

- 폴리매스 정신의 첫 번째 특성은 탁월한 적응성과 개방성이다. 폴리매스는 어떤 장애물이 자신을 가로막더라도 우회하는 길을 찾아내고 문제를 해결한다. 이렇게 하려면 유연하고 재기 넘치게 사고해야 하며, 사회적 관습이나 개인적 습관에 얽매이지 말아야 한다. 그리고 색다른 관점이나 낯설고 생경한 것을 열린 태도로 받아들일 수 있어야 한다. 우리가 우유를 마실 수 있게 된 까닭도 누군가 처음으로 소의 젖을 짜서 마셔 봐야겠다고 생각한 덕분이다.

- 폴리매스 정신의 두 번째 특성은 실험 정신이다. 모든 폴리매스가 연구실에서 과학 실험을 벌인다는 뜻이 아니라, 무슨 일을 하든지 실험에 임하듯 접근하여 분석하고 연구한다는 뜻이다. 이들은 이렇게 해야 안심하고, 새로운 정보를 습득하여 호기심을 충족하고 싶어 한다. 뭐든지 직접 시도하고 결과를 확인해야 직성이 풀리기 때문이다.

- 폴리매스 정신의 세 번째 특성은 초심이다. 자신을 초보자로 여기는 태도는 자신을 전문가로 여기는 태도보다 훨씬 유익하다. 초보자는 해답보다 질문이 열 배는 많은데, 이는 매우 바람직한 태도다. 궁금한 것이 많은 사람은 남의 말에 귀를 기울이고, 질문을 던지며, 주제를 깊이 파고들기 때문이다. 전문가는 자신이 너무나 잘 안다는 착각에 빠지는 경우가 허다하므로 반드시 맹점을 갖는다. 한편, 초심을 간직한 사람이 비판적 사고 능력까지 갖추게 되면 여러 유의미한 질문을 던질 수 있게 된다.

- 폴리매스 정신의 네 번째 특성은 자신에 대한 믿음이다. 그 믿음에 근거가 있든 없든, 폴리매스는 자신이 목표를 이루리라고 철석같이 믿는다. 반면에, 대다수 사람이 자신의 학습 능력을 의심하며 스스로 발목을 잡는다. 나에 대한 믿음은 더 근원적인 믿음을 드러낸다. 행동하고 성취하는 능력인 주체성에 대한 믿음이다. 따라서 예외적인 경우가 아니라면, 사람은 믿는 만큼의 결과만 낸다. 나에게 어떤 목표를 달성할 능력이 있다는 것을 애초에 믿지 않는다면, 결코 그 목표를 달성할 수 없다.

- 폴리매스 정신의 마지막 특성은 투지다. 다양한 분야에 정통한 사람의 특성을 묘사할 때 불굴의 근성을 빼놓을 수 없을 것이다. 투지란 어떤 방법을 써서라도 고난과 시련을 극복해 내는 정신이다. 그런데 많은 경우에 이 방법이라는 것은 그저 묵묵히 불편함을 감내하는 일에 불과하다. 폴리매스가 되려면 상당한 절제력이 필요하다. 아무리 관심 있는 주제라도 밑바닥에서부터 지식을 쌓아 올리는 일은 굉장히 고되고, 피곤하며, 혼란스럽기 때문이다. 하지만 인생이란 본디 그런 것이다. 그리고 이 혼란스러움을 편안하게 받아들이는 기술이야말로 다음 목표를 향해 거침없이 전진할 수 있는 비결이다.

3

초보자가
폴리매스가 되는
방법 10단계

POLY
MATH

폴리매스가 되면 어떤 점이 좋은지 더는 설파할 필요가 없을 것 같다. 이쯤이면 여러분도 확실히 알았을 테니 말이다. 이제 관심을 폴리매스가 되는 '방법'으로 돌려야 할 때다. 어떻게 해야 선택한 기술을 익힐 수 있는지, 어떻게 해야 새로운 분야의 지식을 스펀지처럼 흡수할 수 있는지, 어떻게 해야 나의 지평을 넓히고 폴리매스로 향하는 첫걸음을 내디딜 수 있는지 그 방법을 10단계에 걸쳐 알아보자.

1단계부터 4단계까지는 새로운 주제를 탐색하고, 유용한 지식과 기술을 습득하고자 준비하는 단계로서, 주제 개관하기, 주제 범위 좁히기, 성공 정의하기, 자료 수집하기로 구성된다. 이어지는 5단계부터 9단계까지는 구체적인 목표와 수집한 자료를 바탕으로 최고의 학습 효과를 도모하는 커리큘럼을 짜고 이행하는 단계다. 마지막 단계에서는 주제를 더욱 깊이 이해하는 데 도움을 주는 4단계 필기법에 대해 알아볼 것이다.

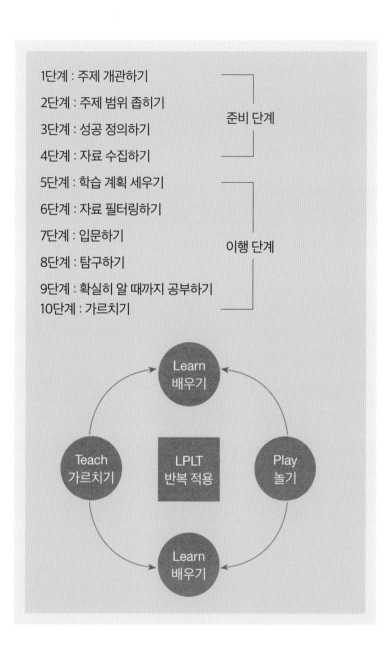

1단계 : 주제 개관하기
2단계 : 주제 범위 좁히기
3단계 : 성공 정의하기   준비 단계
4단계 : 자료 수집하기

5단계 : 학습 계획 세우기
6단계 : 자료 필터링하기
7단계 : 입문하기
8단계 : 탐구하기   이행 단계
9단계 : 확실히 알 때까지 공부하기
10단계 : 가르치기

Learn
배우기

Teach   LPLT   Play
가르치기   반복 적용   놀기

Learn
배우기

1단계 : 주제 개관하기

제일 먼저, 선택한 주제를 개관하는 것이 중요하다. 공부하고 싶은 주제를 본격적으로 탐구하기에 앞서 기초 정보를 파악해야 한다. 1단계의 주요 목적은 주제가 얼마나 광범위하고 복잡한지 알아보는 데 있다.

즉 해당 주제가 하위 주제를 포함하고 있는지, 본격적인 공부를 시작하기 전에 꼭 알아 두어야 하는 핵심 사항이나 필요한 사전 준비가 있는지, 선택한 주제가 내가 배우고 싶었던 내용이 맞는지, 해당 주제 내지는 기술이 실질적으로 어떤 내용인지 파악하는 것이다.

진짜 관심사 발견하기

당장은 주제에 깊이 파고들 필요가 없다. 그저 공부하려는 주제에 친숙해지면 된다. 예를 들어, 코딩하는 방법을 배우고 싶다고 가정해 보자.

그렇다면 본격적인 공부에 앞서 코딩이란 구체적으로 어떤 일을 하는 작업인지, 얼마나 다양한 코딩법과 코딩 언어가 있는지, 어떻게 하면 여러 코딩 시스템과 그 하위 주제에 대해 자세히 배울 수 있는지 알아보는 것이다.

이 과정을 거치면, 내가 선택한 코딩이라는 주제가 너무나 광범위하고, 나의 진짜 관심사는 특정한 코딩 언어(예 : C++[42], Python[43] 등)에 국한된다는 사실을 깨닫게 될 것이다. 주제를 실제로 좁혀 나가는 일은 다음 2단계에서 이루어진다. 1단계에서는 주제를 명료하게 논의할 수 있고 진짜 관심사를 스스로 발견할 수 있을 만큼 주제와 친숙해지면 된다.

중요한 세 가지 질문

관심 주제를 전체적으로 개관하려면 어떻게 해야 하는지 구체적으로 알아보기 위해 다음 세 가지 질문에 대답해 보자. 첫째, 주제가 무엇인가? 둘째, 주제가 얼마나 광범위한가? 셋째, 해당 주제의 공부를 어디서부터 시작하는 것이 적절한가?

주제를 정했다면 그 주제를 어떻게 공부해 나갈지도 정해야 한다. 문외한도 몇 시간만 공부하면 이해할 수 있을 만큼 쉬운 주제인가? 혹은 핵물리학처럼 비전공자가 공부하기에 너무 어려운 주제인가? 주제와 관련하여 얼마나 많은 문헌이 존재하는가? 얼마나 공부해야 주제를 제대로 이해할 수 있는가?

이러한 질문에 대답한 후에야 주제를 좁히고 본격적으로 공부해 나갈 방법을 모색할 수 있다. 대부분 사람이 처음 주제를 선정할 때 코딩과 같이 모호하고 포괄적인 주제를 고르고서는 자신의 관심사가 일부 영역에 국한된다는 사실을 뒤늦게 깨닫는다. 따라서 이러한 잘못을 피하기 위해서는 주제의 어느 대목을 배우고자 하는지 확실히 규정해야 한다.

우리의 또 다른 목표는 선택한 주제와 관련하여 내가 무엇을 알고 무엇을 모르는지 정확히 파악하는 일이다. 이 과정이 선행되어야 다음 단계로 나아가 주제의 범위, 선호하는 하위 주제 등을 고민해 보고 정확히 배우고 싶은 영역을 특정할 수 있다.

광범위한 주제에서 나에게 실질적으로 도움이 될 만한 부분을 찾고 싶은데 어떻게 해야 할지 모르겠다면 다음 조언을 참조할 수 있다. 우선, 인터넷에 접속하자. 인터넷은 온갖 주제를 망라하는 정보가 총집결한 귀중한 데이터베이스다. 위키피디아[44] 페이지부터 개인 블로그, 다양한 온라인 서적까지 이 모든 자료가 나름의 방식으로 다양한 관점을 제공한다. 이때 모든 자료를 꼼꼼히 읽을 필요는 없고 대강만 훑어보자. 지금 여러분이 할 일은 위의 세 가지 질문에 대답하면서, 선택한 주제를 공부해 나갈 기반을 마련하는 것뿐이다. 지금은 주제를 깊이 파고드는 것이 아니라 넓게 개관하는 것이 중요하다.[45]

좀 더 구체적인 예를 살펴보자. 여러분의 주제가 르네상스 미술이라면, 간단한 구글 검색을 통해 르네상스 미술이란 무엇인지 알아볼 수 있다. 일단은 기본적인 내용만 숙지하면 된다는 것을 유념하면서, 르네상스 미술의 정의와 여러 특징 등을 잘 설명한 사이트를 찾는다.

틀림없이 르네상스 미술에 관한 위키피디아 페이지가 있을 터이니 여기서부터 시작하면 좋다. 일반적으로 위키피디아는 어떤 주제에 관한 세부적인 정보와 더불어 종합적인 설명을 제공한다. 혹여 여러분이 선택한 주제는 위키피디아 설명이 짤막하더라도 주제를 개관하는 데는 부족함이 없을 것이다. 대체로 위키피디아 페이지를 처음부터 끝까지 쭉 읽기만 해도 해당 주제에 충분히 입문할 수 있다.

위키피디아 페이지 외에도 구글 검색을 통해 찾은 여러 사이트를 훑어볼 수 있다. 그리고 생각도 성별도 나이도 제각각인 사람들이 르네상스 미술에 대해 어떻게 얘기하는지 관찰할 수 있다. 이러한 사이트에서 수집한 정보가 성에 차지 않는다면 온라인 서점에서 르네상스 미술 관련 서적을 검색하고, 검색 결과를 바탕으로 개론을 공부할 수 있다. 대부분 온라인 서점은 독자가 책을 사지 않고도 일부 내용을 볼 수 있도록 하는 미리 보기 기능을 제공하므로 이를 활용하면 좋다.

1단계를 거치는 동안, 선택한 주제의 어떤 측면이 그다지 흥미롭게 다가오지 않는지, 어떤 측면이 특히 유용할 것 같은지 가닥이 잡혔다면 다음 2단계로 넘어갈 차례다.

◇◇◇◇◇◇◇◇◇◇◇◇◇◇◇◇◇◇◇◇◇◇◇◇◇
2단계 : 주제 범위 좁히기

2단계에서는 선택한 주제의 범위를 좁힌다. 앞서 1단계에서는 비교적 광범위한 주제를 선택한 다음, 그 주제에서 정말로 배우고 싶은 대목이 무엇인지 생각해 보았다. 1단계를 마쳤다면 집중하고 싶은 특정 하위 주제가 생겼을 텐데, 2단계에서는 해당 하위 주제의 구체적인 범위를 정할 것이다. 쉽게 표현하자면, 큰 주제를 골라 여러 조각으로 나눈 후에 그중 가장 마음에 드는 조각을 선택하는 셈이다.

다시 코딩 예시로 돌아가자. 우리는 코딩이라는 광범위한 주제를 선택하여 코딩 언어라는 구체적인 하위 주제로 나눈 후에 그중 가장 관심이 가는 언어 몇 개를 골라 배우기로 했다. 존재하는 모든 코딩 언어를 배우는 일은 무리지만, 그중 한두 개만 골라 배우는 일이라면 너끈히 해낼 수 있다.

주제 해체하기

인간은 작업을 통째로 처리할 때보다 작은 부분으로 쪼개 하나씩 처리할 때 능률이 훨씬 뛰어나다. 이 전략을 학습에도 적용할 필요가 있다. 그런데 광범위한 주제를 여러 하위 주제로 나누어 그중 하나를 선택했더라도, 그조차 광범위한 경우가 더러 있다.

예를 들어 물리학을 핵물리학, 원자 물리학, 고전 물리학 등으로 나누었더라도, 각기 하위 주제를 제대로 이해하려면 평생이 걸릴지도 모른다.

따라서 우리의 목표는 몇 주에서 한 달 정도 공부하면 이해할 수 있을 정도로 주제를 좁히는 것이다. 원한다면 언제든지 원자 물리학 같은 거대한 주제를 골라 세부 주제로 나누고 차례로 섭렵해 나가는 일에 도전할 수 있다. 하지만 좀 더 달성하기 쉬운 목표를 세우고자 한다면, 합리적인 현실 감각을 바탕으로 나에게 꼭 필요한 만큼의 원자 물리학만 공부하면 된다.

새로운 분야에 도전하는 사람들이 자주 범하는 실수는 주제의 범위를 전혀 고려하지 않는 것이다. 얼마나 심도 있는 주제인지, 적절한 기간 내에 학습을 마칠 수 있는지 심사숙고하지 않는다.

그리고 그 결과, 결코 목표를 달성하지 못한다. 이 책은 여러분이 학습 범위부터 적절하게 제한하여 현실적인 기한 내에 학습을 완료함으로써 목표를 달성하도록 도울 것이다. 아울러 이 학습 기한은 최대한 집중적인 학습이 이루어지는 방향으로 사려 깊게 결정되어야 한다.

이론을 실제에 적용하기

이제 이론을 알았으니 어떻게 실제에 적용하는지도 알아보자. 르네상스 미술 예시로 돌아가서, 여러분이 르네상스 미술을 세 가지 하위 주제로 구분했다고 가정하자. 이는 미술 전문가가 구분한 방식과 일치하지 않을 수 있다. 하지만 여러분은 나름대로 개관한 내용을 바탕으로, 르네상스 미술이라는 큰 주제를 국가별 미술가 및 미술 사조라는 작은 주제들로 나누었다.

다시 한번 강조하자면, 주제를 나만의 방식대로 분류하는 것이 중요하다. 남의 방식을 그대로 베끼지 말고, 나의 구체적인 목표에 근거하여 정보를 체계화하자. 절대로 완벽할 필요는 없다. 나중에 해당 주제와 더 친숙해지면, 다른 이들이 이용해 온 분류법을 참조하여 주제를 더 적절하게 분류할 수도 있다.

범위를 제한하는 주된 이유는 주제의 방대함에 압도되지 않기 위해서다. 따라서 이번 단계에서 우리의 임무는 선택한 주제에서 꼭 알아야 하는 대목만 추리는 것이다. 이렇게 우리는 르네상스 미술이라는 광범위한 주제에서 출발하여, 정말로 공부하고 싶은 특정한 예술 갈래, 예컨대 이탈리아의 르네상스 미술로 범위를 좁힐 수 있다.

3단계 : 성공 정의하기

삶은 우리에게 목적지를 정해 두지 않으면 어느 곳에도 이를 수 없다는 소중한 교훈을 가르쳐 준다. 성공하고 싶은가? 그렇다면 나에게 성공이란 무엇인지부터 정의해야, 즉 목적지부터 정해 두어야 성공에 이를 수 있다. 따라서 3단계에서는 성공을 정의하는 방법을 배운다. 이를 위해 목표 달성 여부를 정확하게 판단할 수 있는 객관적이고 측정 가능한 성공의 요건을 설계할 것이다. 그리고 나중에 이 요건을 기준 삼아, 알고 싶었던 주제를 확실히 공부하겠다는 우리의 목표가 달성되었는지 평가할 것이다.

성공을 정의하고 측정하기

3단계를 효과적으로 수행하려면 애초에 이 주제에 대해 배우려고 한 이유를 떠올려 보는 것이 가장 좋다. 선택한 주제를 배워서 특별히 해내고 싶은 일이나 역할이 있는가? 예를 들어, 디지털 사진 촬영을 배우고 싶다고 가정하자.

그렇다면, '카메라 설정을 수동으로 제어하고 조명을 적절하게 활용하여 전문적인 인물 사진 찍는 법을 배우고 싶다.'라고 생각할 수 있다. 그렇다면 여기서 목표는 디지털 사진 촬영이고, 목표 달성 요건은 카메라를 수동 모드로 다루면서 조명을 조작하는 능력이므로, 모두 바람직하다.

디지털 사진 촬영에 능수능란해지려면 수반되는 여러 기술을 섭렵해야 할 텐데, 디지털 사진 촬영을 배우고자 하는 동기에 따라, 실전 연습을 통해 즐겁게 목표를 달성할 수 있다. 다만 명심할 점은 내가 정한 요건을 기준 삼아 그 달성률을 측정할 수 있도록 구체적인 목표를 설정해야 한다는 것이다. 아울러 실생활에 유용하게 쓰일 기술을 배우는 것이 이상적이다. 새로운 기술을 직접 사용해 보면 전체적인 학습 과정이 강화되어 배운 내용을 더 오래 기억할 수 있기 때문이다.

예시

이제 구체적인 예시를 통해 성공을 정의하는 방법을 살펴보자. 앞서 우리는 르네상스 미술을 공부하기로 하고, 이탈리아의 르네상스 미술이라는 하위 주제로 범위를 좁혔다. 그렇다면, 이탈리아의 르네상스 미술에 대해 충분히 알았다는 것이 어떤 의미인지, 즉 성공의 요건이 무엇인지 정할 차례이다. 이를 위해 한 줄짜리 문장 '___다면, 나는 ___에 대해 충분히 아는 것이다.'의 빈칸을 채워 볼 것이다.

예컨대, '이탈리아 피렌체에 있는 우피치 미술관[46]에서 투어 가이드처럼 미술품을 막힘없이 설명할 수 있다면, 나는 이탈리아의 르네상스 미술에 대해 충분히 아는 것이다.'라고 빈칸을 채울 수 있다. 또 는, '이탈리아의 르네상스 미술에 관한 온라인 수업을 신청한 뒤 수업 을 모두 빼먹고도 기말고사에서 A를 받는다면, 나는 이탈리아의 르 네상스 미술에 대해 충분히 아는 것이다.' 내지는 '이탈리아 르네상스 미술에 관한 위키피디아 설명글을 5편 읽었는데 모르는 내용이 하나 도 없다면, 나는 이탈리아의 르네상스 미술에 대해 충분히 아는 것이 다.'라고 빈칸을 채울 수도 있다.

최종 목표를 토대로 목표 달성 요건을 설정했으니, 이제부터는 거꾸로 목표 달성 요건을 차근차근 충족하고 목표를 이루면 된다. 이렇게 3단계의 목적은 나의 궁극적 목표를 설정하고, 그 목표를 이루기 위해 밟아 나가야 하는 절차를 규정하는 데 있다.

4단계 : 자료 수집하기

특정 주제를 공부하는 잘못된 방법부터 알아보자. 대부분 사람이 범하는 실수이고, 고백하자면 저자인 나 또한 같은 실수를 범했다. 일단 동네 서점이나 온라인 서점을 방문하여 선택한 주제에 관한 책을 한 권 사고 처음부터 끝까지 정독하는 방법이다. 이 방법이 이상적이지 않은 까닭은 책 한 권으로는 주제를 바라보는 다양한 관점을 접하지 못하기 때문이다.

과제로 독후감을 쓴다고 가정하자. 여러 가지 참고 문헌이 있는데 달랑 한 가지 문헌에만 근거하여 독후감을 썼다면 결과가 어떨까? 좋은 성적을 받을 수 있을까? 단일 출처에 의존하면 관점이 편협해지므로 F를 받을 확률이 높다. 하물며 커리어와 관련된 중요한 주제를 공부하는데 단일 출처에 의존할 수는 없는 노릇이다. 이러한 실수를 미리 방지하고자 4단계에서는 자료를 수집하는 올바른 방법에 대해 배운다.

자료를 수집하는 올바른 방법

4단계에서는 주제와 관련하여 찾을 수 있는 모든 자료를 여과 없이 수집한다. 굉장히 다양한 정보 전달 매체가 존재한다는 점을 고려

하면, 어떤 매체를 통해 정보를 수집하는 것이 좋을지 고민해 보고, 한정된 매체에 갇히지 않도록 조심하는 것이 좋다. 누구나 효율성이 가장 뛰어난 매체로서 으레 책을 꼽을 것이다. 온/오프라인 서점에서 좋은 책을 찾아보려 노력하되, 블로그나 강좌 같은 다른 매체도 염두에 두자.

이외에도 자료를 수집하는 방법은 많다. 예를 들면, 해당 주제에 해박한 친구나 지인에게 연락하여 도움을 요청하거나, 전문가에게 조언을 구하거나, 팟캐스트[47]를 듣거나, 관련 기사를 찾아볼 수 있다. 자료를 찾는 방법은 무궁무진하므로, 4단계에서는 자료 수집에만 집중한다. 물론 쓸데없는 자료까지 무턱대고 모으지 않으려면 최소한의 필터링은 필요하지만, 일단은 이용 가능한 양질의 자료를 최대한 많이 수집하는 것이 목표다.

예를 들어 부연 설명하기 위해, 이탈리아의 르네상스 미술에 관한 자료를 수집한다고 가정해 보자. 그렇다면 온라인 서점이 좋은 출발점이 될 수 있다. 보통은 책에 어떤 주제를 공부하는 데 필요한 양질의 정보가 많기 때문이다. 그래서 이탈리아의 르네상스 미술 관련 책을 열심히 검색해 보았는데 죄다 관련성이 떨어지거나 절판되었거나 터무니없이 비싼 책들뿐이었다.

온라인 서점에서 아무 소득도 얻지 못했다면 우리가 의지할 수 있는 다음 데이터베이스는 구글이다. 구글 검색창에 이탈리아의 르네상스 미술이라고 입력하면 관련한 여러 튜토리얼(tutorial)[48]을 비롯하여 방대한 자료가 검색될 것이다. 검색 결과를 살펴본 후에 이탈리아의 르네상스 미술이라고 이름 붙인 즐겨찾기 폴더를 만들고, 관련성이 있다고 생각되는 사이트를 골라 저장할 수 있다. 이때 사이트의 내용을 꼼꼼히 읽고 나서 선별하는 것이 아니라, 의식적인 필터링 노력 없이 내용이 유용해 보이는지 아닌지에 근거하여 직관적으로 선별한다. 즉 양질의 자료를 가능한 한 많이 수집하는 데만 집중한다.

구글 검색을 마쳤다면 페이스북이나 트위터를 통해 나중에 도움을 요청할 수 있는 미술사학자나 단체를 찾아 두면 좋다. 이들 전문가에게 연락을 취해 해당 주제를 어떤 식으로 공부하면 좋을지 조언을 구할 수도 있고, 공부하다가 모르는 내용이 생기면 직접 질문할 수도 있다.

5단계 : 학습 계획 세우기

1단계부터 4단계까지 거치며 우리는 광범위한 주제를 선택하고, 그 주제를 합리적인 범위로 좁히고, 학습 목표와 목표 달성 요건을 규정하고, 학습에 도움이 될 만한 자료를 수집했다. 5단계에서는 선택한 주제의 학습 계획을 세우는 방법에 대해 알아본다. 이는 자신이 배우고 싶은 주제의 개요를 작성해 보는 일과 비슷하다. 따라서 5단계를 완수하려면, 선택한 하위 주제를 한층 더 세분화하는 작업이 선행되어야 한다.

학습 계획에서 단원의 역할

편의를 위해 용어를 확실히 정리하는 차원에서 하위 주제를 한층 더 세분화한 항목을 '단원'이라고 하자. 즉 '단원'이란 학습 주제를 구성하는 최소 단위다. 혹은 절차를 구성하는 최소 단계로 생각할 수도 있다. 학습 계획을 세울 때는 '이탈리아의 르네상스 미술'과 같이 공부하고자 하는 단원들을 정해야 하고, 이들 단원을 공부할 순서도 정해야 한다.

이때 좋은 길라잡이가 되어 주는 것이 4단계에서 찾은 책이나 동영상이나 블로그의 목차로서, 다양한 목차를 보고 분석하는 것이 도움이 된다. 여러분이 선택한 주제를 다른 사람들은 어떻게 구분했는지 참조할 수 있고, 이들의 구분법을 빌려 쓸 수도 있다.

심지어 여러 사람의 구분법이 서로 비슷비슷하고 겹치기도 한다는 사실을 알아차릴 수도 있다. 연습 삼아, 열 권의 책을 참조하여, 여러분의 주제가 어떻게 세분되어 있는지 살펴보자. 만약 열 권의 책이 대동소이한 구조를 따른다면, 여러분의 학습 계획도 같은 구조를 따라야 한다.

5단계를 마칠 즈음에 여러분은 주제를 여러 단원으로 쪼갰을 것이다. 이제 이들 단원을 적절하게 간추릴 차례다. 학습 계획은 주제를 이해하는 데 꼭 필요한 단원들로만 구성되어야 한다. 다시 책 열권의 목차를 참조하면, 해당 주제와 관련하여 자주 누락되는 단원을 확인할 수 있다. 이는 대중성이 떨어지는 단원일 터이므로 크게 신경쓰지 않아도 무방할 것이다. 이처럼 별로 중요하지 않은 단원부터 배제하면 된다.

6단계 : 자료 필터링하기

무슨 주제를 선택하든 대개 자료는 넘치게 존재한다. 다만 우리에겐 이 모든 자료를 일일이 정독할 시간이 없다. 주제와 관련된 책, 블로그 게시물, 기사를 빠짐없이 읽으려는 시도는 보나 마나 실패로 끝난다.

따라서 6단계에서는 자료를 필터링하는 방법을 배운다. 이 단계의 주요 목적은 불필요한 자료를 없애고 가장 좋은 자료만 남겨, 앞서 수집한 방대한 자료에 압도되지 않는 것이다.

무엇을 배우고 싶은지 정확히 알고 구체적인 학습 계획까지 세워두었다면, 자료를 필터링하기가 대단히 수월해진다. 자료 필터링은 경제적으로도 유익하다. 선택한 주제를 공부할 때 책을 이것저것 주문할 필요 없이, 가장 좋은 책 한두 권만 주문하면 되기 때문이다.

책을 선별할 때는 책의 구성과 학습 계획의 구성이 서로 일치하는지 먼저 확인해야 한다. 그런 책을 찾기 어렵다면 책의 일부 챕터라도 일치해야 한다. 6단계의 최우선 과제는 자료를 신중하고도 효율적으로 훑어보며 옥석을 가리는 것이다. 이때 자료를 최대한 많이 추리면 추릴수록 좋다.

가장 좋은 자료 선별하기

르네상스 미술에서 철학으로 예를 바꿔보자. 철학에 입문하고 싶어서 공부에 도움이 될 만한 여러 자료를 수집한다고 가정하자. 우선, 온라인 서점에서 철학책을 검색했다. 그런데 죄다 나의 학습 목표와 무관한 책들뿐이었다. 괜찮은 책은 못 찾았지만, 다행히 쓸모 있어 보이는 블로그 게시물과 인터넷 기사를 찾았다. 철학 강좌와 튜토리얼도 몇 개 발견했다. 이렇게 자료 수집을 마쳤다면, 이제부터 자료를 훑어보고 옥석을 가릴 차례다.

수집한 모든 자료를 일일이 정독할 필요는 없다. 직관적으로 가장 유용해 보이는 자료 위주로 추리면 된다. 이번 단계의 목표는 자료를 효과적으로 필터링하여 최고의 자료를 선별하고 너무 많은 자료를 구매할 때 드는 비용을 줄이는 것임을 유념한다. 수집한 자료에 책이 포함되어 있지 않으면 필터링 작업이 한결 간단해지지만, 인터넷 검색을 통해 미흡한 자료를 보충해야 할 수 있다. 그런데 강좌나 튜토리얼이 있다면 선택한 주제를 학습하는 데 지장이 없을 것이다.

우리가 철학을 공부하려는 이유가 논증을 구성하는 방법을 배우고 싶어서라고 가정하자. 인터넷에 '논리적으로 유효한 논증 구성법'을 검색하면, 관련한 여러 편의 웹 문서를 찾을 수 있다. 지금은 새로운 자료를 추가하는 단계가 아니지만, 관련 서적을 찾지 못한 경우 등 상황에 따라서는 절대 해서는 안 되는 일은 아니다. 그리고 공부하다 보면 필연적으로 유용한 자료를 새로 발견하기 마련이다. 6단계의 목표는 핵심 자료만 가려내는 것이므로, 우리는 철학적 논증법에 관한 튜토리얼 몇 개와 웹 문서 몇 편을 핵심 자료로 선별하면 된다. 장담컨대 이 튜토리얼과 웹 문서만으로도 철학적 논증법을 공부하는 데 부족함이 없을 것이다.

만약 책이 자료에 포함되었다면, 가장 좋은 책을 선별하려는 추가적인 노력이 필요할 것이다. 아울러 대학에서 철학을 전공한 친구들에게 연락해 조언을 듣거나, SNS를 활용해 우리 시대 철학자들을 찾아 자문을 부탁하는 일도 고려해 볼 수 있다. 전문가의 조언은 그 자체로 훌륭한 자료가 되기 때문이다.

6단계에서 기억해야 할 중요한 점이 또 있다. 방대한 자료를 추리고 추린 끝에 정말로 핵심적인 자료, 예컨대 책 두세 권만 남겼다고 하더라도, 이 책들을 처음부터 끝까지 정독할 필요는 없다는 것이다. 책의 일부 챕터만 골라 읽으며 가장 의미 있는 정보만 취해도 무방하다. 자료를 선별하는 이 모든 과정의 목적은 선택한 주제를 제대로 배우기 위해서지, 수집한 정보를 모조리 머리에 욱여넣기 위해서가 아니기 때문이다.

자료를 통째로 공부하는 것이 선별적으로 공부하는 것보다 반드시 이롭지 않다. 게다가 진도를 늦추고 시간도 많이 잡아먹는다. 우리는 전 과정에서 시간적 효율성을 염두에 두어야 하므로, 나의 학습 단원과 직접적인 연관이 있는 정보만 공부하는 편이 더 유익하다.

7단계 : 입문하기

7~10단계는 새로운 학습 단원을 시작할 때마다 반복 적용하는 단계다. 7~10단계에 대해 모두 배운 후에는 매 학습 단원마다 차례로 적용하여 여러분의 학습 계획을 완수하자.

7단계에서는 선택한 단원의 기본 개념을 숙지하여, 나중에 해당 단원을 더욱 폭넓게 이해할 수 있는 기반을 다진다. 무슨 주제든 기본 개념부터 탄탄히 다져 놓아야 나중에 깊이 있는 내용까지 공부할 수 있는 법이다.

가령, 철학적 논증을 배우고 싶다면 전제와 결론 그리고 삼단논법의 구조에 대해 알아야 한다. 이것들이 논증을 구성하는 기본 요소이기 때문이다. 여기서는 주제를 너무 깊이 파고들지 않는 것이 중요하다. 입문 단계는 기본 개념만 숙지하면 된다. 나만의 방식대로 주제를 자유롭게 탐색하는 일은 다음 8단계에서 이루어진다.

7단계의 목적은 선택한 단원의 기본 개념을 숙지하여, 다음 8단계에서 해당 단원을 독자적으로 탐구할 수 있는 토대를 마련하는 것이다. 7단계에 최소한의 시간만 할애하자. 최소한의 기본 개념만 알아도 충분히 학습 단원에 입문할 수 있다.

예시

우리가 철학을 공부하려고 학습 계획을 짜고, 그 첫 번째 단원에서 '논리적으로 유효한 논증을 구성하는 방법'을 배우기로 했다고 가정하자. 그렇다면 논증의 기본 구성 요소가 무엇인지, 유효한 논증이란 무엇인지, 유효한 논증을 구성하려면 어떻게 해야 하는지부터 알아봐야 한다. 나중에 다양한 논증법을 탐색하고, 그중 마음에 드는 논증법을 골라 깊이 공부하려면, 이렇게 기본 개념을 다지는 과정이 선행되어야 한다.

우선, 인터넷 검색창에 '철학적 논증'이라고 입력한다. 그럼 철학적 논증에 관한 여러 튜토리얼이 검색될 텐데, 그중 몇 가지를 살펴본다. 그다음, 이들 튜토리얼에서 어떻게 각기 다른 논증을 구성하는지 유심히 관찰하고, 특정한 맥락에서 특정한 논증법이 채택되는 까닭을 유추해 본다. 튜토리얼은 으레 '초보자를 위한 조언'이라는 부제목을 달고, 논증 공부를 어떻게 시작하면 가장 좋을지 알려준다. 7단계의 목표는 공부를 '시작'하는 것이므로 이는 매우 유용한 정보다.

대부분 튜토리얼은 누구나 쉽게 이해할 수 있는 기본 개념을 개괄하기 때문에 낯선 주제에 입문하기에 좋다. 입문 단계에서 우리가 살펴보는 자료는 완전히 무료지만, 그렇다고 해서 학습 길라잡이로서 갖는 가치가 떨어지는 것은 아니다.

이처럼 튜토리얼을 통해 기본 개념을 익히고 논증이란 무엇인지 이해할 수 있다. 특히 유용할 것 같은 개념이 나오면 따로 메모해 두는 것도 좋다.

아울러 앞서 수집한 다른 자료도 참고하여, 거기서는 어떤 식으로 논증에 입문하라고 권장했는지 확인한다. 그리고 해당 주제에 나보다 해박한 친구나 지인이 있다면 연락하여, 어떻게 하면 논증이라는 주제에 가장 쉽게 접근할 수 있는지 물어본다.

이번 단계에서 우리의 목표는 단순히 논증의 기본 개념을 이해하여 다음 단계를 준비하는 것이므로, 지금 당장은 유효한 논증을 직접 구성하지 않는다. 그저 좋은 논증이란 무엇인지 이해하여, 다음 단계에서 다양한 논증법을 탐구하는 데 지장이 없도록 한다.

8단계 : 탐구하기

앞서 예고했듯 8단계에서는 독자적인 탐구 활동을 벌인다. 재미있게 표현하면 '놀이'라고 할 수 있다. 이번 단계의 가장 중요한 할 일은 특별한 목적을 염두에 두지 않고 그저 마음이 가는 대로 주제를 탐구하는 것이다. 하지만 이토록 자유로운 탐구라도 선택한 학습 단원과 관련이 있는 범위 내에서 이루어져야 함이 당연하다.

만약 학습 단원이 기술 관련 주제를 주로 다룬다면, 여러 소프트웨어나 프로그램을 그저 '가지고 놀면' 되므로 8단계를 완료하기가 더 수월하다. 이때는 다양한 툴에 친숙해져서 각 툴이 기능하는 방식을 이해하는 것이 주목표가 된다.

한편, 선택한 주제가 역사나 철학처럼 구체적인 기술보다 관념적인 이론에 가깝다면, 이번 단계에서 여러분은 구체적으로 무엇을 배우고 싶은지 고민하고, 관련 개념이나 현상이 어떻게 구현될지 나름의 가설을 세우고, 어떤 식으로 공부를 시작하는 것이 가장 좋을지 모색하면 된다.

놀이하듯 탐구해야 하는 이유

8단계에서는 학습 단원에 대한 호기심을 키워 적절한 여러 질문을 구상하는 것이 아주 중요하다. 이번 단계의 가장 큰 수확이라고 할 수 있는 이러한 질문들에 대답하는 일은 학습 단원의 구체적인 내용을 본격적으로 공부하는 다음 9단계에서 이루어진다.

우리 뇌는 정보를 텍스트나 데이터 형태로 제시할 때보다 질의응답 형태로 제시할 때 더 잘 기억한다. 7단계에서 학습 단원을 깊이 파고들지 않고 기본 개념만 숙지한 까닭이 바로 이 때문이다. 적절한 질문을 구상해 두지 않은 채 본격적인 학습에 돌입하는 것이 바람직하지 않다.

적절한 질문을 구상하는 8단계는 전체 학습 과정에서 중요한 역할을 담당한다. 그렇긴 해도 여전히 본질은 '놀이하듯' 탐구하는 것이다. 특정한 목표를 염두에 두고 질문을 구상할 필요는 없다. 선택한 학습 단원과 관련된 질문이 마음속에 저절로 떠오를 때까지 그저 탐구를 계속해 나가면 된다.

논증을 가지고 놀기

이제 이전 단계에서 공부한 철학적 논증의 기본 개념들을 가지고 놀아 볼 차례다. 여기서 기본 개념이란 수집한 자료를 근거로 판단할 때, 상시 사용되는 필수적인 개념만을 의미한다.

앞서 개략적으로 설명했듯, 논증의 기본 개념을 가지고 놀아본다는 뜻은 지금까지 습득한 기초 지식을 바탕으로 유효한 논증 구성법에 대해 나름의 가설을 세워 본다는 뜻이다. 주제에 대해 충분히 고민하고 나면 이런저런 질문이 자연스레 떠오르기 마련이다. 그리고 이 질문들에 대한 답은 앞서 수집한 자료에서 찾을 수 있을 것이다.

이전 단계에서 우리는 논증을 구성하는 두 가지 요소인 전제와 결론에 대해 배웠다. 이제부터는 전제와 결론을 가지고 직접 유효한 논증을 구성해 본다. 왠지 별로 어려울 것 같지는 않다. 몇 가지 전제를 알면 이를 취합하여 논리적인 결론을 도출할 수 있기 때문이다.

논증을 구성하는 세 가지 방법

이를테면, 오늘 하늘을 보니 먹구름이 잔뜩 낀 데다가 비가 온다는 일기 예보까지 있다고 하자. 여기서 우리는 이 두 가지 사실을 논증의 전제로 삼을 수 있다. 그리고 먹구름 낀 하늘은 비가 올 가능성을 시사한다는 점과 기상청에서 비를 예보했다는 점에 근거하여 오늘 비가 올 것이라는 결론을 도출해 낼 수 있다. 언뜻 보면 합리적으로 추론한 것 같지만, 이와 같은 논증 구조가 실제로 유효한지는 아직 확신할 수 없다.

전제와 결론이라는 개념을 가지고 놀다 보면 각양각색의 논증을 만들 수 있다. 그렇다면 이 중 어떤 것이 유효한 논증이고 어떤 것이 유효하지 않은 논증인지가 궁금해지기 마련인데, 이처럼 주제를 탐색하는 과정에서 생기는 질문은 미리 수집한 자료를 통해 해결할 수 있어야 한다.

전제와 결론이라는 개념을 가지고 노는 또 다른 방법이 있다. 그 것은 주어진 결론에서 역으로 전제를 끌어내는 것이다. 위의 예를 다시 살펴보자. 오늘 비가 온다는 결론이 사실이 되려면 어떤 전제 내지는 정보가 필요할까? 비 소식을 알리는 일기 예보, 잔뜩 찌푸린 하늘, 지금이 장마철인 점 등의 전제가 필요할 것이다. 이러한 논증도 직관적으로 타당한 듯하지만, 첫 번째 논증과 구조적으로 상당히 다르다. 그렇다면 두 논증이 모두 유효할까? 혹 아니라면, 두 논증 중 어느 쪽이 유효할까?

살펴본 것처럼, 우리는 단순히 전제와 결론이라는 개념을 가지고 유효한 논증을 구성하는 두 가지 가능성을 탐색했다. 그런데 다른 논증법도 있을 수 있다. 어떤 전제에서 결론을 도출한 다음, 해당 결론을 다시 전제로 이용하여 두 번째 결론을 도출하는 논증법 말이다. 먹구름 낀 하늘이라는 전제에서 오늘 비가 올 것이라는 결론을 도출했다면, 이 결론을 다시 전제 삼아 오늘 약속을 취소해야 할 수 있다는 결론을 도출하는 식이다.

미처 몰랐겠지만 실은 이 세 가지 논증법이 모두 유효하다. 다음 9단계에서는 유효한 논증을 구성하는 방법을 본격적으로 공부할 텐데, 여러분은 이미 8단계에서 몇 가지 논증을 스스로 구성해 보았기 때문에 학습 내용을 훨씬 수월하게 이해할 수 있을 것이다.

8단계에서 논증의 기본 개념을 마음껏 가지고 놀다 보면, 어떤 논증법이 유효한지 혹은 유효하지 않은지, 전제와 결론을 어떻게 배열하는 것이 가장 적절한지 등 이런저런 질문이 저절로 생기게 된다. 놀이하듯 탐구하고 실험하는 과정에서 질문을 자연스럽게 떠올릴 필요가 있다는 점은 아무리 강조해도 지나치지 않다.

이처럼 기본 개념만 익혀도 주제를 탐색하는 데 부족함이 없으며, 질문은 알아서 따라온다.

9단계 : 확실히 알 때까지 공부하기

앞서 우리는 선택한 단원의 기본 개념을 숙지하고, 그 개념을 실험가
처럼 요리조리 뜯어보며 나름의 탐구 활동을 벌였다. 이제는 실질적
인 학습에 돌입할 차례다. 지금까지의 공부가 발만 담그는 수준이었
다면, 이제부터는 해당 단원을 제대로 공부하고 새롭게 얻은 지식을
실제로 활용해 볼 것이다.

아울러 앞 단계에서 던진 질문들을 해결하는 일도 이번 단계에서
이루어진다. 남에게 도움을 청하지 않고 혼자서 기계 장치나 소프트
웨어를 조작하고 탐색하다 보면 이런저런 궁금증이 일기 마련이다.
이러한 궁금증을 이번 단계에서 가능하면 전부, 여의치 않다면 일부
라도 해소하려고 노력할 것이다. 이를 위해 앞서 수집한 여러 자료를
본격적으로 공부하며, 첫째로는 앞서 품었던 모든 질문에 답하고, 둘
째로는 가능한 한 많은 지식을 습득할 것이다. 이 과정은 해당 단원
을 확실히 이해했다는 확신이 들 때까지 반복하도록 한다.

이론과 실제의 균형

새로운 개념을 실제로 활용하는 연습은 새로운 지식을 머릿속에
단단히 뿌리 내리게 한다는 점에서 바람직하다. 저자인 나의 개인적

경험에 의하면 생소한 분야, 특히 기술 관련 분야에 입문하는 경우에는 새로운 개념을 배우는 일과 그 개념을 활용하는 일에 똑같이 시간과 노력을 들일 때 가장 효과적인 학습이 이루어졌다. 무엇을 배우는지에 따라 내용의 차이는 있겠지만, 배운 것을 실생활에서 써먹을 수 있는 몇 가지 방법을 찾아서 실전 연습을 하면 실력도 자연스럽게 늘고 학습 속도도 한층 빨라진다.

질문에 답하기

다시 철학의 예로 돌아가서, 논리적으로 유효한 논증법을 공부한다고 가정하고 9단계가 실제로 어떻게 진행되는지 알아보자. 우선, 수집한 자료부터 다시 살펴봐야 한다. 앞서 우리는 타당한 방법인지 아닌지도 알지 못한 채, 전제와 결론이라는 두 기본 개념을 이리저리 배열하여 논증을 구성해 보았다. 이제는 수집한 자료를 꼼꼼히 참고하여 어떤 논증법이 실제로 유효한지 확인하고, 각기 다른 논증법의 장단점을 알아볼 차례다.

8단계에서는 몇 가지 전제를 토대로 한 가지 결론을 도출하는 논증을 제일 먼저 구성해 보았다. 비가 온다는 일기 예보가 있고 하늘에 먹구름이 끼어 있으면 비가 오리라는 논증이었다. 그때는 몰랐지만, 이는 연역 논증이라는 논증법이며 가장 신뢰성 높은 논증 형식으로 꼽힌다. 따라서 9단계에서는 수집한 자료를 참고하여, 연역 논증이란 무엇인지, 어떻게 해야 올바른 연역 논증을 구성할 수 있는지 공부할 차례다.

아울러 우리 목표가 일상 속 대화에서 논증을 자유자재로 구사하는 것임을 항상 염두에 두면 좋다. 직관적으로 구사할 수 없다면, 애초에 연역 논증을 배울 까닭이 없다.

8단계에서 우리는 논증법의 이름은 몰랐을지언정 스스로 연역 논증을 구성해 냈다. 나중에 알았지만, 이는 논리적으로 유효한 논증법이기도 했다. 이처럼 스스로 탐구하고 시행착오를 거치는 과정만으로도 무언가를 깨우치게 될 때가 많다.

연역 논증을 좀 더 깊이 공부하다 보면, 연역 논증이라는 틀 안에서 전제와 결론을 능수능란하게 배열할 줄 알게 된다. 그 결과, 어떤 전제가 주어져도 논리적인 결론을 도출할 수 있게 된다. 가령, 어떤 사람이 정직하고 약속을 잘 지킨다는 전제가 있으면, 그 사람은 믿음직하다는 결론을 도출하는 식이다.

이처럼 우리는 온갖 다양한 논증법을 탐색한 뒤, 그중 연역 논증을 집중적으로 공부하여 논리적으로 유효한 논증을 구성하는 방법에 대해 알아보았다. 하지만 아직 연역 논증에 통달했다고 말하기는 이르다. 복잡한 연역 논증은 한 번도 구축해 보지 않았기 때문이다. 하지만 기본기를 탄탄히 다졌으니 심화 학습을 진행해도 좋다.

앞서 언급했듯 이번 단계는 선택한 단원이나 주제의 특성에 따라 그 내용이 상당히 달라지지만, 명심할 점은 똑같다. 지식을 실생활에서 활용할 방법을 찾는 것, 그리고 해당 단원을 완벽히 이해했다는 생각이 들 때까지 실전 연습을 반복하여 배운 내용을 완전히 소화하는 것이다.

◇◇◇◇◇◇◇◇◇◇◇◇◇◇◇◇◇◇◇◇
10단계 : 가르치기

드디어 전 과정의 마지막 단계이자 가장 중요한 단계, 하지만 가장 자주 등한시되는 단계를 다룰 차례다. 여러분이 여기까지 읽고 있다면, 모든 단계를 끝까지 완수하라고 신신당부하고 싶다. 10단계가 학습에서 대단히 중요한 역할을 하기 때문인데, 그 중요성은 아무리 강조해도 지나치지 않다. 10단계에서 우리는 가르친다. 다시 말해, 지금까지 쌓은 모든 지식을 다른 사람에게 전수하는 것이 목표다.

이 목표를 달성하는 방법은 다양하다. 누군가를 가르치기 위해 꼭 유튜브 동영상을 만들고 블로그에 글을 써야 하는 것은 아니다. 대화 상대를 찾아 내가 공부한 내용을 잘 설명한다면 그것으로 충분하다. 대화 상대는 배우자, 친구, 지인 등 누구나 될 수 있다. 다만, 여태껏 쌓은 모든 지식을 해당 주제에 완전히 문외한인 사람도 이해할 수 있을 만큼 간단명료한 언어로 전달하는 것이 관건이다.

이때 우리 뇌는 지식을 실제 활용 가능한 형태로 재구성한다. 이 과정이 중요한 까닭은 자신이 아는 모든 정보를 재구성하여 전달하려다 보면 이해가 달리는 부분을 어김없이 발견하게 되기 때문이다. 그렇게 되면 자연스레 지식의 빈틈을 메우고자 추가 자료를 찾아 공부하게 되고, 나아가 그 지식을 머리에 더욱 깊이 새기게 된다. 그 결과, 새로 배운 지식을 달달 외우기만 하는 것과 남을 가르칠 수 있을 만큼 깊이 이해하는 것 사이에는 엄청난 차이가 생겨날 수밖에 없다.

다른 사람을 가르치는 다양한 방법

다른 사람을 가르치는 몇 가지 좋은 방법이 있다. 우선, 선택한 주제를 개괄하여 설명하는 유튜브 동영상을 만들어 볼 수 있다. 발표를 하거나 블로그 게시물을 작성하는 것도 한 가지 방법이다. 이 중 마음에 드는 선택지가 없다면, 알고 있는 모든 정보를 책을 쓰듯 써 내려가는 것도 좋다. 그리고 앞서 언급했듯, 해당 주제로 다른 사람과 대화를 나눠 볼 수도 있다.

무슨 방법을 선택하든, 10단계를 끝까지 완수하는 것이 중요하다. 그 과정에서 지금까지 쌓아 온 모든 지식을 보강할 수 있기 때문이다. 누군가를 가르치다 보면, 주제를 새로운 관점으로 바라보게 되고, 좀 더 효율적으로 기억하고 활용할 수 있는 방식으로 풀어서 설명하게 된다. 어떤 주제를 가르쳐 보기 전까지 우리는 피상적인 이해만 할 뿐이다. 하지만 누군가에게 가르쳐 보고 나면 주제에 대한 이해가 이전과 비교할 수 없을 만큼 깊어진다.

결론

이렇게 마지막 단계까지 모두 알아보았다. 이제부터 할 일은 남은 학습 단원에 차례로 7~10단계를 적용하여 학습 계획을 완수하는 것이다. 그런데 7~10단계의 내용을 매번 확인하려면 번거로우니 시간을 절약하는 차원에서 간단한 약어를 외워 두면 좋다. 7~10단계에서 우리는 각 단원에 입문하기 위해 기본 개념을 공부하고(7단계), 그 개념을 놀이하듯 탐구하고(8단계), 실질적인 학습에 돌입하고(9단계), 새로 배운 지식을 다른 사람에게 가르쳤다(10단계). 이렇게 배우고(Learn), 놀고(Play), 배우고(Learn), 가르치는(Teach) 일련의 과정을 LPLT라는 약어로 외워 두면, 학습 계획의 새 단원을 시작할 때마다 쉽게 상기할 수 있다.

다른 사람을 가르치기 전에 '배우고, 놀고, 배우는' 앞의 세 단계만 여러 번 반복해도 좋다. 특히 해당 단원이 광범위하고, 여러 갈래로 발전시킬 수 있는 흥미로운 대목이 많다면 더욱 그렇다. 좀 더 시간을 들여 공부하고 나서 다음 단계로 진행해도 무방하다. 기본 개념을 충분히 익혔다는 판단이 들면 그 개념을 요리조리 탐구해 본다. 지식이 빈틈이 보이면 보강하면서, 해당 개념을 실생활에 어떻게 적용할 수 있을지 궁리하고, 궁금한 점이 생기면 스스로 해결한다.

이 책에서 제안하는 학습 과정의 독특한 특징은 학습자의 호기심을 동력으로 삼아 학습을 추진한다는 점이다. 기본 개념부터 충분히 숙지한 후에 주제를 탐구하도록 한 까닭도 이 때문이다. 기본 개념을 숙지하다 보면 자연히 호기심이 일기 마련이므로 학습을 진전시키는 동력이 된다. 독자적인 탐구 활동을 통해 스스로 질문거리를 찾아내고, 이렇게 떠올린 질문을 다시 스스로 해결하도록 하는 까닭도 같은 이유에서다. 우리는 우리의 호기심을 동력 삼아 학습하고 있다.

다른 사람을 가르치는 마지막 단계를 절대 등한시하면 안 된다. 선택한 주제를 진정으로 이해하고 싶고, 이해를 탄탄히 다지고 싶다면, 가르치는 경험이 꼭 필요하다.

필기의 힘

여기서 소개할 필기법은 저자인 내가 개인적으로 가장 알차고 유용하다고 생각하는 다양한 필기법에서 장점만 취합하여 고안한 것이다. 필기는 1단계부터 10단계까지 모든 단계에서 중심적인 역할을 한다. 정보를 참조하고, 정리하고, 검토하는 필기장은 우리의 두 번째 뇌와 같다.

이 책에서 추천하는 4단계 필기법은 선택한 주제를 더욱 깊이 이해할 수 있도록 돕는다. 일반 필기법보다 품이 많이 들지만, 그래서 효과가 더 좋기도 하다(미안한 말이지만, 이 책에 정도는 있어도 지름길은 없다).

수동적으로 베껴 쓰는 단순한 필기는 여기에 낄 틈이 없다. 4단계 필기법은 주제에서 가장 중요한 부분을 찾아 핵심 정보를 뽑아내고 나만의 언어로 정리하는 방식이다. 신뢰성과 체계성을 두루 갖춘 이 필기법을 통해 습득한 정보를 정리하고 부연할 수 있으므로, 새로운 정보를 익히고 기억하기가 훨씬 수월해진다.

4단계 필기법은 다음과 같다. 1단계, 주제에 관한 유용한 정보를 가능한 한 세세한 부분까지 필기한다. 2단계, 1단계에서 필기한 내용을 나만의 언어로 다시 정리하고, 중요도를 매기고, 질문이 떠오르면 적는다. 3단계, 개별 정보를 전체적인 학습 주제와 연결 지어 본다.

4단계, 질문을 모두 해결하고, 쪽 내지는 소단원 단위로 2, 3단계 내용을 다시 정리한다.

4단계 필기법의 1단계에서는 평소에 필기하는 방식 그대로 필기한다. 자료를 보면서 알고 넘어가야 하는 정보가 있으면 옮겨 적는다. 다만, 아래 두 줄(칸)씩을 여백으로 남겨 놓아야 하는데, 이 여백은 2, 3단계에서 정보를 정리하고 분석할 때 활용할 것이다. 기억을 최대한 생생하게 살리려면 수업을 듣거나, 동영상을 보거나, 글을 읽은 후에 지체 없이 2~3단계를 진행하는 것이 좋다. 일단 1단계에서는 평소에 필기하는 방식 그대로 필기하되, 가능한 한 세세한 부분까지 필기하면 된다.

예를 들어, 헨리 8세의 식단을 주제로 공부한다면 이렇게 필기할 수 있다(다음은 예시를 위해 꾸며 낸 내용이다).

'헨리 8세와 궁중 사람들은 한 끼에 스무 가지의 육류를 섭취했다. 육류의 가짓수가 빈약하면 당대 왕족과 귀족을 향한 불경으로 치부했다. 채소와 포도주도 상에 올라왔지만, 부와 신분의 상징처럼 여겨지는 육류가 가장 중요했다.'

1단계 필기를 마쳤다면, 이 필기법이 여타 필기법과 본격적으로 차별화되기 시작하는 2단계로 넘어간다. 2단계는 앞서 여백으로 남겨둔 둘째 줄(칸)에서 시작하며, 이곳에 1단계에서 필기한 내용을 온전한 문장으로 다시 정리한다. 온전한 문장으로 다시 쓰기는 하지만, 위에 쓴 문장을 그대로 베끼지 않는 게 중요하다. 주어진 정보를 내

4단계 필기법

상위 학습 주제	헨리 8세의 삶과 유산
주제	헨리 8세의 식단
1단계 필기	헨리 8세와 궁중 사람들은 한 끼에 스무 가지의 육류를 섭취했다. 육류의 가짓수가 빈약하면 당대 왕족과 귀족을 향한 불경으로 치부했다. 채소와 포도주도 상에 올라왔지만, 부와 신분의 상징처럼 여겨지는 육류가 가장 중요했다.

가 더 잘 이해할 수 있는 나만의 언어로 바꿔 보는 과정이 꼭 필요하기 때문이다. 이렇게 하면 더욱 깊은 차원의 이해에 도달할 수 있다. 아울러 정보 간의 연결 고리를 찾고 관계를 파악해 보도록 노력하자.

주제에 따라 2단계를 적용하기 힘들 때도 있지만, 웬만하면 2단계를 항상 이행하는 것이 좋다. 같은 필기를 공연히 반복하는 것처럼 보일 수 있지만, 지식을 탄탄히 다지는 데 반복만큼 좋은 것도 없다. 지식을 나만의 언어로, 그것도 일관성 있는 온전한 문장으로 풀어내려면, 지식을 완전히 소화하고 의미를 곱씹어 보아야 한다. 그리고 그 과정에서 지식이 머릿속 깊이 뿌리내리게 된다.

위에서 예로 든 필기 내용을 다음과 같이 나만의 언어로 바꿔 쓸 수 있다. '헨리 8세는 고기를 많이 먹었다. 당시 부자나 귀족은 식사에 푸짐한 고기가 올라올 거라고 기대했고, 고기의 수가 적으면 기분 나빠 했다. 포도주와 채소에는 그다지 신경 쓰지 않았다.'

1단계에서 필기한 내용을 정리하다가 이런저런 질문이 떠오르면, 그것도 둘째 줄(칸)에 적는다. 이러한 궁금증은 전체적인 이해를 완성하기 위해 메워야 하는 지식의 빈틈이자, 확실히 해소하고 넘어가야 하는 대목이다. 아울러 3단계로 넘어가기 전에, 주어진 정보가 전개될 방향과 지니는 함의를 고민해 보자. 대답할 수 있는지 없는지에 상관없이, 질문이 떠오를 때까지 주제를 깊이 사유하다 보면 기억도 더 오래간다.

헨리 8세의 식단을 주제로 공부하며 여러분이 떠올릴 수 있는 질문은 다음과 같을 것이다. '단백질에 치중된 식단이 건강에 어떤 영향을 미쳤을까?', '얼마나 많은 사람을 동원해야 이토록 많은 고기를 매일 먹을 수 있을까?', '당시 농민들은 무엇을 먹었을까?', '다른 문화권이나 국가의 귀족은 무엇이 높은 지위를 상징한다고 여겼을까?' 등이다.

둘째 줄(칸)에 필기할 땐 눈에 잘 띄는 형광펜이나 색연필을 사용하자. 첫째 줄(칸)에서 추려 낸 정말로 중요한 정보와 메시지가 모두 여기에 있기 때문이다. 사실, 첫째 줄(칸)은 다시 들여다볼 일이 거의 없다.

이제, 마지막 남은 빈 줄(칸)인 셋째 줄(칸)로 이동할 차례다. 셋째 줄(칸)에는 필기한 내용이 전체 학습 주제와 어떻게 연결되는지 파악할 수 있는 대로 모두 적는다. 가령, 필기 부분과 전체 주제가 인과 관계를 이룬다면 '인과 관계'라고 쓰는 것이다. 더 나아가, 어떤 사건의 유발 원인, 관련한 사건, 사람들의 관점/인식에 미친 영향까지 알수 있다면 모두 셋째 줄에 적는다. 이처럼 기존 정보가 관련 정보로 곁가지를 뻗을 때, 전부 셋째 줄(칸)에 써서 한눈에 살펴볼 수 있도록 한다.

정보를 잘 연결하는 비결이 있다면, 큰 맥락 속에서 그 정보가 어째서 중요한지 생각해 보는 것이다. 헨리 8세의 예시를 계속 살펴보자. 상위 학습 주제가 '헨리 8세의 삶과 유산'이라고 가정한다면, 여기서 그의 식단 및 식습관 관련 정보가 어째서 중요한 것일까?

4단계 필기법

상위 학습 주제   헨리 8세의 삶과 유산

주제   헨리 8세의 식단

1단계 필기   헨리 8세와 궁중 사람들은 한 끼에 스무 가지의 육류를 섭취했다. 육류의 가짓수가 빈약하면 당대 왕족과 귀족을 향한 불경으로 치부했다. 채소와 포도주도 상에 올라왔지만, 부와 신분의 상징처럼 여겨지는 육류가 가장 중요했다.

2단계 필기   헨리 8세는 고기를 많이 먹었다. 당시 부자나 귀족은 식사에 푸짐한 고기가 올라올 거라고 기대했고, 고기의 수가 적으면 기분 나빠 했다. 포도주와 채소에는 그다지 신경 쓰지 않았다.

질문 적기   단백질에 치중된 식단이 건강에 어떤 영향을 미쳤을까?

얼마나 많은 사람을 동원해야 이토록 많은 고기를 매일 먹을 수 있을까?

당시 농민들은 무엇을 먹었을까?

다른 문화권이나 국가의 귀족은 무엇이 높은 지위를 상징한다고 여겼을까?

여러분은 육류에 치중된 왕실의 식사가 과일과 채소, 직접 경작한 풍성한 곡물로 이루어진 농민의 식사와 완전히 딴판이라는 사실을 알아차렸을 것이다. 추측건대, 이토록 대조적인 식사가 빌미가 되어 헨리 8세를 향한 백성의 원성이 커졌을 것이다. 헨리 8세가 비만으로 유명한 까닭도 어쩌면 이토록 푸짐하고 과시적인 식사 때문이었으리라. 같은 정보를 사람마다 다르게 받아들일 수 있다. 누군가는 이토록 호화로운 식사가 당대 귀족이 누린 터무니없이 풍족한 생활을 보여 준다고 해석할 수 있고, 다른 누군가는 그저 헨리 8세의 재력을 여실히 보여 주는 흥미로운 일화라고 해석할 수 있다.

이처럼 개별 정보가 전체 서사나 이야기를 완성하는 데 어떻게 이바지하는지 살펴보고, 무미건조한 사실이 아니라 유기적인 퍼즐 조각처럼 생각해야 한다.

마지막 4단계에서는 쪽(혹은 이와 비슷한 구분 단위)마다 2, 3단계의 내용을 다시 정리한다.[49] 아울러 2단계에서 적어 둔 질문 중 여전히 유효한 질문에 답한다.

4단계는 종이 위에서 정보를 다시 살펴보고, 종합하고, 가공할 수 있는 네 번째 기회이다. 대부분 사람이 정보를 한 번 훑고 넘어갈 때, 여러분은 네 가지 방식으로 네 번 되새기는 셈이다. 4단계 필기법을 그저 유익하다고 표현하는 것은 그 가치를 평가 절하한 것이라고 느껴질 정도다. 많은 수고가 드는 만큼 효과도 확실해서, 새로운 정보와 함축된 의미를 확실히 이해하고 오래 기억할 수 있기 때문이다. 그

4단계 필기법

상위 학습 주제 헨리 8세의 삶과 유산

주제 헨리 8세의 식단

1단계 필기 헨리 8세와 궁중 사람들은 한 끼에 스무 가지의 육류를 섭
취했다. 육류의 가짓수가 빈약하면 당대 왕족과 귀족을 향
한 불경으로 치부했다. 채소와 포도주도 상에 올라왔지만,
부와 신분의 상징처럼 여겨지는 육류가 가장 중요했다.

2단계 필기 헨리 8세는 고기를 많이 먹었다. 당시 부자나 귀족은 식사
에 푸짐한 고기가 올라올 거라고 기대했고, 고기의 수가 적
으면 기분 나빠 했다. 포도주와 채소에는 그다지 신경 쓰지
않았다.

질문 적기 단백질에 치중된 식단이 건강에 어떤 영향을 미쳤을까?
얼마나 많은 사람을 동원해야 이토록 많은 고기를 매일 먹
을 수 있을까?
당시 농민들은 무엇을 먹었을까?
다른 문화권이나 국가의 귀족은 무엇이 높은 지위를 상징
한다고 여겼을까?

3단계 필기 (인과 관계)육류에 치중된 왕실의 식사가 과일과 채소, 직접
경작한 풍성한 곡물로 이루어진 농민의 식사와 완전히 판
판?

→ 이토록 대조적인 식사가 빌미가 되어 헨리 8세를 향한 백성의 원성이 커졌을 것

→ 헨리 8세가 비만으로 유명한 까닭도 어쩌면 이토록 푸짐하고 과시적인 식사 때문이었을 것.

(유발 원인 / 관련 사건 / 인식에 미친 영향 등)

만큼 정보를 이해하는 수준에서 한발 더 나아가 그 정보를 응용하고 가공할 수 있게 된다.

헨리 8세의 식단을 주제로 한 필기를 다음과 같이 마칠 수 있다. '헨리 8세와 궁정 사람들은 끼니마다 십여 가지 육류를 먹으리라 기대했다. 당시에 이만한 육류 섭취가 가능한 사람은 극소수였다. 대부분 백성은 고기를 구할 경제적 여유가 전혀 없어서 직접 경작이 가능한 과일과 채소, 곡물만 먹었다. 헨리 8세를 비롯하여 식단이 비슷한 다른 귀족들이 모두 비만이었던 까닭도 과도한 육류 섭취 때문이리라. 귀족들이 어떻게 이토록 많은 고기를 확보했는지, 고기에 치중된 식단이 건강에 어떤 영향을 미쳤는지 궁금하다. 아울러 과시적인 식단을 고수하는 헨리 8세의 씀씀이가 군주를 바라보는 백성의 인식에 어떤 영향을 미쳤을지도 궁금하다.'

살펴본 것처럼 4단계 필기법은 필기에 대단한 중요성을 부여하고 필기하는 데 굉장한 공을 들이도록 한다. 필기할 때 우리는 정보를 단순히 기록하는 것이 아니라, 해당 정보를 어떻게 인식하고 이해할지 결정하는 영구적인 청사진을 그린다. 그런 의미에서 필기란 정보에 대한 정확하고 종합적인 첫인상을 남길 기회인데, 이 기회를 그저 그런 필기법으로 망칠 수 없다. 4단계 필기법을 끝마치면 얄팍하지 않고 견실한 지식 체계가 완성된다. 기껏 머릿속에 집어넣은 정보가 달아나지 않게 붙드는 것도 바로 이러한 체계다.

4단계 필기법

상위 학습 주제	헨리 8세의 삶과 유산
주제	헨리 8세의 식단
1단계 필기	헨리 8세와 궁중 사람들은 한 끼에 스무 가지의 육류를 섭취했다. 육류의 가짓수가 빈약하면 당대 왕족과 귀족을 향한 불경으로 치부했다. 채소와 포도주도 상에 올라왔지만, 부와 신분의 상징처럼 여겨지는 육류가 가장 중요했다.
2단계 필기	헨리 8세는 고기를 많이 먹었다. 당시 부자나 귀족은 식사에 푸짐한 고기가 올라올 거라고 기대했고, 고기의 수가 적으면 기분 나빠 했다. 포도주와 채소에는 그다지 신경 쓰지 않았다.
질문 적기	단백질에 치중된 식단이 건강에 어떤 영향을 미쳤을까? 얼마나 많은 사람을 동원해야 이토록 많은 고기를 매일 먹을 수 있을까? 당시 농민들은 무엇을 먹었을까? 다른 문화권이나 국가의 귀족은 무엇이 높은 지위를 상징한다고 여겼을까?
3단계 필기	(인과 관계) 육류에 치중된 왕실의 식사가 과일과 채소, 직접 경작한 풍성한 곡물로 이루어진 농민의 식사와 완전히 딴판?

→ 이토록 대조적인 식사가 빌미가 되어 헨리 8세를 향한 백성의 원성이 커졌을 것

→ 헨리 8세가 비만으로 유명한 까닭도 어쩌면 이토록 푸짐하고 과시적인 식사 때문이었을 것.

(유발 원인 / 관련 사건 / 인식에 미친 영향 등)

4단계 필기 헨리 8세와 궁정 사람들은 끼니마다 십여 가지 육류를 먹으리라 기대했다. 당시에 이만한 육류 섭취가 가능한 사람은 극소수였다. 대부분 백성은 고기를 구할 경제적 여유가 전혀 없어서 직접 경작이 가능한 과일과 채소, 곡물만 먹었다. 헨리 8세를 비롯하여 식단이 비슷한 다른 귀족들이 모두 비만이었던 까닭도 과도한 육류 섭취 때문이리라. 귀족들이 어떻게 이토록 많은 고기를 확보했는지, 고기에 치중된 식단이 건강에 어떤 영향을 미쳤는지 궁금하다. 아울러 과시적인 식단을 고수하는 헨리 8세의 씀씀이가 군주를 바라보는 백성의 인식에 어떤 영향을 미쳤을지도 궁금하다.

- 이쯤이면 여러분도 폴리매스가 되어야 한다는 주장을 상당히 수긍했으리라 생각한다. 그렇다면 폴리매스가 되어야 하는 '까닭'을 장황하게 늘어놓는 일은 이만하고, 폴리매스가 되는 '방법'을 자세히 살펴보자. 폴리매스가 되고자 한다면, 사고의 유연성을 기르고, 적어도 한 가지 학문 혹은 지식 영역에 새로 입문하여 밑바닥에서부터 실력을 쌓아야 한다. 이 과정은 고되고, 피곤하며, 괴로울 테지만, 적절한 계획을 갖추고 임한다면 좀 더 수월하다.

- 다음은 새로운 분야를 완전히 처음부터 배워 나가는 방법 10단계이다. 각 단계의 제목만 보아도 그 내용을 충분히 유추할 수 있다.

  1) 주제를 개관한다.
  2) 구체적으로 습득하고자 하는 지식 내지는 기술로 주제의 범위를 좁힌다.
  3) 내가 생각하는 성공을 정의하고, 성공을 공략해 나갈 계획을 역순으로 세운다.
  4) 이용 가능한 자료를 최대한 많이 수집한다.
  5) 수집한 모든 자료를 바탕으로 커리큘럼과 학습 계획을 세운다.
  6) 학습 목표를 기준으로 수집한 자료를 필터링하여 핵심 자료만 남긴다.
  7) 새로운 지식에 입문하고 몰입한다.
  8) 전반적인 기본 지식을 습득한 후에는 주제를 놀이하듯 탐색하고, 스스로 질문을 던져 내가 얼마만큼 아는지 확인한다.
  9) 이전 단계에서 던진 질문에 대답하고, 전에 몰랐던 지식 간 접점을 발견한다.

10) 새롭게 습득한 기술 혹은 지식을 다른 사람에게 가르치는 경험을 통해 나의 이해를 탄탄히 다지고, 이해가 부족한 부분이 어디인지 파악한다.

- 매 단계마다 따로 언급하진 않았지만, 부단히 해야 하는 일이 필기다. 필기장은 몸 밖에 있는 두 번째 뇌와 같다. 우리는 필기를 통해 알게 된 사실을 기록하고, 지식을 연결하고, 내용을 상기하고, 정보를 종합한다. 적절하게 구성하고 정리한다면, 필기장에 새로운 지식과 기술을 온전히 담아 낼 수 있다. 그런데 목표가 야심 찬 만큼 특별한 필기법이 필요하다. 이 필기법은 품이 많이 들지만, 그게 핵심이다.

- 4단계 필기법은 다음과 같다. 1단계, 주제에 관한 유용한 정보를 가능한 한 세세한 부분까지 필기한다. 2단계, 1단계에서 필기한 내용을 나만의 언어로 다시 정리하고, 중요도를 매기고, 질문이 떠오르면 적는다. 3단계, 개별 정보를 전체적인 학습 주제와 연결 지어 본다. 4단계, 질문을 모두 해결하고, 쪽 내지는 소단원 단위로 2, 3단계 내용을 다시 정리한다.

4

의도적
발견

POLY
MATH

폴리매스나 지성인이 평범한 사람들과 다른 점은 화려한 재능이 아닌 마음가짐이라는 사실을 이제 확실히 알았을 것이다. 따라서 올바른 마음가짐을 바탕으로 다양한 기술을 익힌다면 누구나 폴리매스가 될 수 있다. 그렇다면 도대체 어떤 기술을 익히는 게 좋을지가 당연히 궁금해진다. 사실 정답이 따로 있는 것은 아니다. 목표에 따라 배워야 할 기술도 달라지기 때문이다.

어쩌면 여러분은 취업 시장에서 경쟁력을 높이기 위해, 더 나은 사업가나 경영자가 되기 위해, 혹은 더 나은 사업가 겸 경영자가 되기 위해 다양한 기술을 익히기로 마음먹었을 수 있다. 이처럼 커리어를 위해 다양한 기술을 익히려는 것이라면, 어떤 기술이 직무에 도움이 될지 고민해 보는 것만으로도 직무를 피상적으로 이해하는 수준을 넘어서 직무가 가진 무궁무진한 가능성에 눈을 뜨게 된다.

여러분이 우러러보는 사람들에게서 영감을 얻고, 선망하는 직업이나 직위를 살펴보며 어떤 기술이나 역량이 유용할지 상상해 보는 것이 도움이 된다. 많은 사람 앞에서 발표하는 연습을 한다든지, 비판적 사고 능력, 시간 관리 능력, 리더십 능력을 기르는 훈련을 한다든지, 직무와 관련된 인간관계 기술을 연마한다든지 한다면 첫발을 제대로 떼는 셈이다.

어쩌면 여러분은 단지 직장 생활을 잘하기 위해서가 아니라, 르네상스인이 되고 싶은 순수한 열망에서 다양한 기술을 익히려는 것일 수도 있다. 삶이야말로 가장 소중하고 흥미로운 프로젝트이기 때문에 더욱 정진해서 균형 잡힌 인간으로 거듭나고 싶은 마음, 주어진 장점과 한계를 바탕으로 이번 생에 내가 될 수 있는 최고의 내가 되고 싶은 마음이 꿈틀거리는 열망에서 말이다.

그렇다면 무슨 일부터 시작하면 좋을까? 우선, 나의 기량, 적성, 성격적 특징, 이력, 경험 등을 찬찬히 점검하는 일부터 시작하는 것이 좋다. 남들에게 없는 나만의 개성은 무엇일까? 남들이 흉내 낼 수 없는 나만의 모습은 어떠할까? 나에게서 한시도 떠나지 않는 생각과 아이디어, 관심사, 열정은 무엇일까? 나를 나답게 하는 이런 요소들이야말로 금쪽같은 보물로서, 내가 여러 기술을 쌓아 올리고 배양해 나가기 위한 발전과 성장의 토대이다.

사람들이 흔히 말하는 전형적인 이과생이 있다고 가정해 보자. 그는 자연 과학 지식이 뛰어나고, 전자 기기를 능숙하게 다루며, 기계적·공학적 개념을 잘 이해하고, 전략 게임에 빠삭하다. 하나같이 훌륭한 재능들이지만 여기서 끝이라면 그는 균형 잡히지 못한 비대칭적 인재일 수 있다. 만약에 그가 정말로 운동과 담을 쌓고 살고, 정서적·사회적·영성적으로 미숙하며, 예술에 문외한인 데다가 입맛까지 초등학생 수준이라면, 깡마르고 부끄럼 많은 샌님 이미지가 따라붙어도 이상할 게 없다.

이과적 소양이 뛰어난 사람은 문과적·예체능적 소양이 부족할 수 있다는 주장을 펼치려는 것이 아니다. 사실 이러한 고정 관념을 보란 듯이 깨부순 위인들이 폴리매스다. 폴리매스는 인간이 모든 분야에서 탁월할 수 있다는 사실을 몸소 증명한다. 하지만 예시를 위해, 고리타분한 고정 관념을 그대로 반영하는 전형적인 이과생이 존재한다고 가정해 보자.

그런데 이 이과생이 좀 더 균형 잡힌 인재가 되고 싶은 열망에서 일부러 자신이 한 번도 접해 보지 않은 분야만 골라 배우기로 했다. 이는 대단한 결심이다. 어설픈 모습을 보여도 좋다는 각오로 성숙함과 편안함을 느끼는 익숙한 환경에서 벗어나려는 용기, 나답지 않은 일도 해 보겠다는 패기를 발휘해야 하기 때문이다. 그리하여 그는 자신과 아무 상관이 없다고 여긴 여러 분야에 입문하여, 사교댄스를 추고, 수채화를 그리고, 칼 구스타프 융[50] Carl Gustav Jung의 저서를 읽는다. 그리고 이러한 후천적 노력이 선천적 재능에 더해져 점차 균형 잡힌 인재로 변신한다.

사실 서로 '반대'되는 분야란 없다. 다양한 분야를 종횡무진 누비다 보면, 모든 분야가 깊이 연관되어 있다는 깨달음이 선물처럼 찾아온다. 분야를 구획하려 드는 것은 우리의 편협한 마음뿐이다. 자연 세계는 우리가 학문을 나누듯이 나뉘지 않는다. 우리 앞에 실제로 펼쳐지는 현상 세계에서는 자연 과학과 인문 과학이 자로 재듯 정확하게 나뉘지 않는다는 사실이 경이롭지 않은가?

수많은 훌륭한 과학자가 선불교나 꿈 분석, 초월적 경험, 위대한 시인에 깊이 심취한 까닭도, 독실한 신앙생활을 한 까닭도 영성과 과학에 대한 열정이 서로 충돌하지 않고 오히려 시너지 효과를 냈기 때문이다.

비슷한 맥락에서, 탁월한 예술 감각을 지닌 사람이 과학을 공부하거나, 체스를 두거나, 모형을 조립하는 등 논리적·수학적 사고 능력을 자극하는 활동을 한다면 굉장히 유익할 수 있다. 인간은 어떤 특정한 활동을 할 때보다는 다양한 활동을 할 때 더 크게 성장한다. 다양한 영역에서 활동한 경험이 쌓이다 보면, 그 경험을 창의적으로 결합할 수 있는 기회가 많아지기 때문이다.

다시 말해, 내용 자체는 중요하지 않다. 관건은 그 내용이 얼마나 풍부하고, 다채로우며, 연결성이 있는가이다. 얼마나 많은 것을 배울 수 있는가가 아니라, 배운 것을 얼마나 통합할 수 있는가가 중요하다. 모든 위대한 사상가는 세상 만물을 아우르는 궁극의 진리를 깨닫고자 자기만의 방식대로 부단히 정진했다. 서로 연관이 없어 보이는 요소들을 이어 붙이면 그 사이에서 창의성이 피어난다. '하늘 아래 새로운 것은 없다.[51]'라는 말이 있지만, 이미 존재하는 것들을 새롭게 결합하는 방법에는 한계가 없다.

아인슈타인의 조합 놀이[52]

의외라고 생각할 수 있겠지만, 20세기를 대표하는 과학자 아인슈타인은 연구 시간을 쪼개어 바이올린을 연주했다고 한다. 이렇게 그는 하드 스킬hard skill과 소프트 스킬soft skill[53]을 동시에 구사했다.

자크 솔로몽 아다마르와 그의 사인

전해지는 바에 따르면, 아인슈타인은 바이올린과 피아노 연주 실력이 수준급이었다고 한다.[54] 그리고 바이올린을 연주하며 잠시 쉬는 동안 떠오른 획기적인 아이디어로 연구를 진척시키기도 하고, 철학적 질문에 대한 해답을 찾기도 했다. 상대성 이론 공식 $E=mc^2$이 뇌리를 스친 순간에도 그는 바이올린을 연주하고 있었다.

아인슈타인은 가장 좋아하는 취미를 즐기는 시간에 혁명적인 과학 이론이 떠오르는 이 신묘한 현상을 설명하기 위해 '조합 놀이combinatory play'라는 용어를 고안했다. 1945년, 그는 프랑스 수학자 자크 살로몽 아다마르Jacques Salomon Hadamar[55]에게 보낸 편지에서 자신의 논리를 열심히 설명했다.

친애하는 동료에게

아래에서 저는 당신의 물음에 능력껏 대답해 보려고 합니다. 스스로 느끼기에 만족스러운 답변은 아니지만. 혹여나 이 내용이 요즘 당신이 맡은 매우 흥미롭고 어려운 연구에 도움이 될 수 있다고 여기신다면, 더 많은 질문에 기꺼이 답하겠습니다.

(A) 단어나 언어는, 그게 글이든 말이든, 저의 사고 메커니즘에서 어떠한 역할도 하지 않는 것 같습니다. 사고의 요소로 작용하는 것처럼 보이는 심리적 실체는 '자발적으로' 재생산되고 결합될 수 있는 특정한 기호나 다소 선명한 이미지입니다.

물론 이 요소들과 관련된 논리적 개념들 사이에는 특정한 연관성이 있습니다. 또한 논리적으로 연결된 개념에 최종적으로 도달하려는 욕구가 위에서 언급한 요소들과 다소 애매한 이 놀이의 정서적 기반이라는 것도 분명합니다. 그러나 심리학적 관점에서 보면, 이 조합 놀이는 생산적인 사고에서 필수적인 특징인 것으로 보입니다. 다른 사람들에게 전달될 수 있는 단어나 다른 종류의 기호의 논리 구조와 어떤 관련성을 갖기 전에는 말입니다.

(B) 제 경우에는, 위에서 언급한 요소들은 시각적인 타입이면서 약간은 물리적인 운동을 요하는 타입입니다. 관습적인 단어나 다른 기호는 이 언급된 조합 놀이가 충분히 확립되어 의지대로 재현될 수 있는 2차 단계에서만 힘들여서 찾아낼 수 있습니다.

(C) 지금까지 말한 바를 정리하자면, 앞서 언급한 이 요소들을 이용한

놀이의 목표는 자신이 찾고자 하는 연관된 논리 개념에 근접하는
것입니다.

(D) 제 경우에는, 시각적 요소와 물리적 운동 요소를 이용한 조합 놀이
단계에서 언어는 아직 소리 그 이상도 이하도 아닙니다. 언급했듯,
언어는 2차 단계에서야 개입을 합니다.

(E) 제가 보기에는, 당신이 말하는 완전한 의식이라는 것은 결코 완전
하게 달성할 수 없는 한계인 듯합니다. 이것은 의식의 협소함[56]이
라는 사실과 관련이 있는 것으로 보입니다.

아인슈타인은 창조적인 활동을 실컷 즐기고 나면 논리적이고 합
리적으로 사고하는 데 도움이 된다고 생각한 것 같다. 창조적인 활동
이 정말로 사고력을 증진한 것일 수도 있고, 잠시 다른 일을 하다 보
니 관점이 새로워져 다른 각도에서 문제를 바라볼 수 있게 된 것일
수도 있다. 이는 앞 장에서 다룬, 서로 다른 학문을 융합하면 틀림없
이 새로운 사실을 발견할 수 있다는 메디치 효과와도 연관이 있을 것
이다.

조합 놀이는 '놀이'를 통해, 하던 일에서 잠시 탈피하여 재정비 시
간을 갖는다는 단순한 개념이 아니다. 아인슈타인은 서로 다른 분야
에서 지식과 통찰을 조금씩 가져와 새로운 맥락에서 합칠 때 창의성
이 발현되는 것으로 생각했다. 그리하여 바이올린을 켜는 행위에서
물리학을 완전히 새로운 방식으로 이해하는 데 도움을 주는 어떤 요

소를 보았다.

　이 이야기에서 얻을 수 있는 교훈이 있다. 서로 동떨어져 보이더라도 자신이 원하는 분야를 추구해야지, 비슷한 인접 분야끼리만 도움이 되리라는 생각에 좁은 영역에 갇힐 필요가 없다는 것이다. 서로 판이한 분야라도 틀림없이 연결할 수 있는 지점이 있으니 직접 찾아내면 된다.[57] 때로는 같은 것 한 바가지를 더하는 것보다 다른 것 한 방울을 더하는 게 더 보탬이 되는 법이다.

◇◇◇◇◇◇◇◇◇◇◇
스킬 스태킹

인터넷 덕분에 정보 접근성이 좋아지고 세계 곳곳이 긴밀하게 연결되면서 새로운 기술을 익히고 팔방미인 인재가 되는 일이 여느 때보다 쉬워졌다.

다른 말로 하면, 내가 익힌 기술을 다른 사람도 익혔을 가능성이 아주 커졌다. 빛이 있으면 그림자가 있듯, 정보 접근성이 향상된 만큼 경쟁도 치열해진 것이다. 가령, 면접관이 여러분과 다른 지원자를 동시에 평가하는데, 두 사람이 모두 같은 기술을 갖추고 있다면 굳이 여러분을 채용할 이유가 없다고 느낄 수 있다(물론, 그 반대의 경우도 마찬가지지만).

지금부터는 나를 남들과 차별화할 수 있는 전략에 대해 깊이 고민해 보자.

한 가지 기술에 나의 가치나 경쟁력을 몽땅 거는 전략은 현명하지 못하다. 따져 보면, 상위 1%가 될 수 있는 사람은 전체 인구의 1%뿐이다(검토까지 했으니 계산이 틀리진 않았을 것이다). 전 세계 인구 중 극소수만 NBA(미국 프로 농구) 선수가 될 수 있고, 이들 중 다시 극소수만 상위 1% 선수가 될 수 있다. 즉 상위 1%의 NBA 선수가 될 확률은 불가능에 가깝다. 나머지 99% 선수도 실력이 준수하지만, 르브론 제임스LeBron James[58]나 스테픈 커리Stephen Curry[59]처럼 어마어마한 연봉을 받으며 대단한 인기를 누리지는 못한다.

2022년 10월 19일 워싱턴과의
경기에서 38점을 기록,
NBA 통산 득점 2위로 올라선
르브론 제임스

다소 작은 체구로 NBA의
3점 슛에 관한 거의 모든 기록을
보유하고 있는 스테픈 커리

다시 말해, 우리가 상위 1% 안에 들어서 성공할 확률은 굉장히 희
박하다. 그렇다면 우리는 어떻게 해야 할까?

나와 실력이 고만고만한 사람들 사이에서 어떻게 돋보일 것이며,
어떻게 나를 차별화할 것인가? 남들과 구별되기 위해 통계적으로 가
능할 성싶지 않은 방법에 매달리는 것보다 바람직한 해법이 있다. 바
로 '스킬 스태킹stkill stacking'이다. 스킬 스태킹이란 특정한 목표를 달성

하기 위해 내가 가진 자질이나 기술을 최적의 방식으로 조합하는 전략을 일컫는다. 믿거나 말거나, 스킬 스태킹의 원조를 찾으려면 일간 신문의 만화 섹션으로 가야 한다.

스킬 스태킹이라는 개념을 대중화한 사람은 만화가 스콧 애덤스Scott Adams다. 그가 직장인의 애환을 주제로 그린 만화 딜버트Dilbert**60**는 두고두고 인용되는, 출판계 역사에 길이 남은 히트작이다.

만화 주인공 딜버트와 저자
스콧 애덤스

한 가지 기술을 달인 수준으로 잘한다면 물론 좋지만 그럴 가능성이 희박하므로 차라리 잘 어우러지는 몇 가지 기술을 두루 잘하는 편이 훨씬 낫다는 생각에서 스킬 스태킹은 출발했다. 한 가지 기술에서 상위 1%의 실력자가 되려고 애쓰기보다 서너 가지 기술에서 상위 5~15% 실력자가 되려고 노력하는 것이다. 제2의 모차르트를 꿈꾸는 대신 네 가지 악기를 조금씩 두루 다룰 줄 아는 뮤지션이 되려고 노력해야 한다. 모든 사람이 제2의 모차르트는 될 수는 없지만 네 가지 악기를 다루는 뮤지션은 충분히 될 수 있다.

애덤스는 스킬 스태킹을 훌륭하게 활용하여 커리어를 쌓았다. 그에게는 상위 1%라고 인정할 만한 특출한 재능이 없었다. 그런데도 그가 직장 생활을 적나라하고 유쾌하게 그려낸 만화 딜버트는 무려 65개국 신문에 실리는 대성공을 거두었다. 알려진 바에 따르면 그의 순 자산은 7천5백만 달러에 육박한다. 대부분이 딜버트의 판권을 팔거나 관련 상품을 제작하여 거둔 수익이다. 한때 미국의 회사원이라면 누구나 고개를 끄덕이며 즐겨 본 딜버트는 그야말로 선풍적인 인기를 끌었다. 그렇다면 딱히 특출한 재능도 없다던 애덤스는 어떻게 이렇게 어마어마한 성공을 거둔 것일까?[61]

애덤스는 그림을 최고로 잘 그리는 만화가는 아니다. 비슷비슷하게 생긴 단순한 캐릭터들은 헤어스타일과 코 모양만 다르다. 하지만 수려한 그림체는 아니어도 캐릭터의 생김새가 왠지 정감이 가고, 사실 그가 그림 솜씨를 완전히 발휘하여 그린 것도 아니었다. 그러니 그의 그림 실력이 상위 10% 수준이라고 치자.

애덤스는 사업 수완이 뛰어나거나 돈 버는 재주가 있는 사람은 아니다. 하지만 어쨌든 캘리포니아 대학교 버클리 캠퍼스에서 경영학을 공부했으므로, 사업 감각이 상위 5% 수준이라고 가정하자.

애덤스는 세상에서 제일 재미있는 사람도 아니고 코미디언처럼 남을 작정하고 웃기려 한 적도 없다. 하지만 그가 그린 만화는 판권이 팔리고 몇 년 동안 연재되었다는 사실이 입증하듯 확실히 유쾌하고 재치 있으므로, 그의 유머 감각이 상위 5% 수준이라고 하자.

애덤스는 이렇게 말했다. "나의 평범한 사업 감각에 근면 성실함, 리스크를 수용하는 태도, 꽤 괜찮은 유머 감각이 더해지면, 나는 제법 유일무이한 사람이 된다. 그리고 이 유일무이함에서 상업적 가치가 나온다." 애덤스의 사례가 미덥지 못하다면, 보스턴 컨설팅 그룹에서 발표한 2017년 연구를 살펴보자.[62] 다양한 기술과 경험을 지닌 기업이 그렇지 않은 기업보다 전체적으로 19% 높은 수익을 냈다.

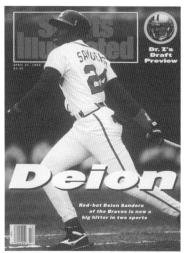 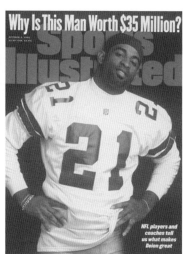

야구 선수와 미식축구 선수로 활약했던 디온 샌더스

이처럼 목표만 재조정하면 훨씬 좋은 결과를 얻을 수 있다는 것이 스킬 스태킹의 핵심이다. 상위 1% 안에 들려고 애쓰지 말고, 상위 5~15% 안에 드는 서너 가지 기술을 두루 갖추도록 노력해야 한다.

가능하다면 서로 시너지 효과를 내는 기술들이 좋다. 그리고 이 서너 가지 기술을 독창적으로 조합하여 남들과의 경쟁에서 우위를 점하자. 애덤스는 자신의 예술적 기량에 유머 감각과 사업 수완을 더하여, 개성과 상품성을 겸비한 만화 캐릭터 딜버트를 창조했다(딜버트는 어찌나 개성이 넘치는지 눈도 없다).

한 가지 기술을 부단히 연마하여 최고가 되어야 성공할 수 있다는 것이 통념이다. 다른 기술을 포기하는 기회비용[63]을 치르고서라도 말이다. 대부분 의대생은 전공 분야를 하나만 선택해야 한다. 치과의사가 발을 수술하는 경우는 찾아보기 힘들지 않은가. 스포츠도 마찬가지다. 농구나 축구, 골프, 육상과 같이 특정한 종목에서 최고의 선수가 되려면 다른 종목에서 뛰는 것을 포기해야 한다. 야구 선수이자 미식축구 선수였던 디온 샌더스Deion Sanders[64]나 보 잭슨Bo Jackson[65]과 같이 극히 드문 경우를 제외하면, 두 가지 이상의 종목에서 활약한 스포츠 스타는 드물다.[66] 심지어 전설적인 농구황제 마이클 조던Michael Jordan도 프로 야구에서는 기를 펴지 못했다.[67]

하지만 그 외 거의 모든 분야에서는 다양한 기술을 수준급 실력으로 쌓는 일이 현실적으로 가능할 뿐만 아니라, 바람직하기도 하다. 스킬 스태킹은 우리가 가진 역량을 독창적으로 조합하여 남들과 구별되는 독보적인 존재가 되도록 장려한다. 타고난 재능을 살리면서 부족한 부분을 보완하는 추가 기술을 배운다면, 우리는 누구도 흉내

낼 수 없는 유일무이한 사람이 될 수 있다. 그리고 그 결과, 취업 시장에서 귀한 인재로 대접받으면서 공적인 삶에서나 사적인 삶에서나 대체 불가능한 존재가 될 수 있다.

LA 레이더스 러닝백으로 4시즌을 활동한 보 잭슨

MLB에서 가공할 파워와 강한 어깨를 자랑했던 보 잭슨. 미국 스포츠 사상 유일하게 두 종목에서 올스타에 선정된, 만능 스포츠맨의 대명사다.

아울러 스킬 스태킹은 우리가 현실을 냉철하게 바라보고 가장 좋은 결과를 얻으려면 어떤 방향으로 자기 계발을 해야 할지 판단하도록 한다. 예를 들어, 여러분이 어떤 기술로 상위 5% 안에 들었다고 가정하자. 그래서 얻는 것이 무엇인가? 남들에게 칭찬은 좀 듣겠지만, 그리 대단한 이목을 끌지는 못할 것이다. 어떤 분야에서 상위 5% 안에 드는 사람이 엄밀히 말해 극소수는 아니므로 실력이 독보적이라고 말할 수도 없다. 고군분투해서 기어이 상위 1% 안에 들 수도 있다. 하지만 여러분이 정말로 상위 1% 안에 들었다면, 지금 이 책을 읽고 있을 것 같지 않다(이 책의 수려한 문체에 반해 눈을 떼지 못하는 경우는 제외하고 말이다).

따라서 열심히 연마한 한 가지 기술만 믿고 있을 것이 아니라, 경쟁력을 확보할 수 있는 다양한 방법을 모색해야 한다. 특정 기술로 상위 1% 실력자가 되는 일은 거의 하늘의 별 따기다(언제든지 시도해 볼 만한 가치는 있다). 상위 5% 안에 드는 일도 훌륭하지만, 그 정도 수준에 이르는 사람이 의외로 많아 그리 대단한 일은 아니며, 여러분과 실력이 엇비슷한 사람들이 도처에 존재할 것이다.

결국에 우리는 상위 10~15% 안에 드는 서너 가지 기술을 갖추는 것이 낫다는 결론으로 되돌아간다. 뛰어난 전문 기술을 갖추는 것도 좋지만, 누구에게서도 찾아볼 수 없는 폭넓은 스펙트럼의 기술을 갖춰야 비로소 제대로 주목받을 수 있다. 게다가 서너 가지 분야에서 상위 10~15% 안에 드는 일은 한 가지 분야에서 상위 1% 안에 드는 일만큼 어렵지 않으니 그야말로 금상첨화다. 상위 1% 실력자가 되려면 수년, 심지어 수십 년의 연습이 필요하다. 이를테면, 카네기 홀에서 독주회를 여는 실력에 이르러야 한다. 반면에 상위 10~15% 안에 들겠다는 목표는 새로운 기술을 배우고, 연습하고, 활용하고, 반복하기만 해도 대체로 이룰 수 있다. 어떤 주제에 관한 책을 두세 권만 읽어도 즉시 대다수 사람보다 그 주제에 관해 더 많은 것을 알게 된다. 그 주제에 관한 책을 다섯 권 읽기로 했다면, 예상컨대 네 번째 책을 읽을 즈음엔 새롭게 접하는 내용이 거의 없을 것이다.

저자인 내가 가장 좋아하는 예인 글쓰기를 가지고 이야기해 보자. 재능 있는 작가가 많다. 이 중 글쓰기 실력이 상위 1% 안에 드는 작가는 하늘이 두 쪽이 나도 자기 작품을 출판할 수 있을 것이다. 작품의 품질이 압도적이므로 당연한 이치다.

상위 5% 작가라면 어떨까? 그도 두말할 나위 없이 훌륭한 작가지만, 상위 1% 작가와 비교하면 필력이 부족해서 큰 인기를 끌지 못할 테다. 대중의 눈에 띌 다른 방법도 딱히 없다.

하지만 그가 인터넷 홈페이지를 만들 줄 알고, 소셜 미디어도 다룰 줄 안다면 이야기가 달라진다. 수려한 글만 쓸 줄 아는 다른 작가들과 달리, 그는 자기 작품을 소개하는 블로그도 만들 수 있고, 개성과 취향을 녹여낸 브랜드도 구축할 수 있다. 그리고 소셜 미디어를 활용하여 작품을 열심히 홍보한다면, 대중의 관심을 북돋고 작품의 해외 판로도 개척할 수 있다. 그러다 마침내 그의 작품을 읽는 독자들이 생겼을 때, 사업 수완을 살려 홍보 활동을 계속하면서 독자층을 넓히고 더 많은 글을 집필한다면, 결국엔 인세 수익을 대폭 끌어올릴 수 있다.

이처럼 상위 5% 작가라도 전문적인 홍보 기술을 익혀 작품을 알린다면, 결국 책을 출판하고 열렬 독자층까지 확보하며 인세를 벌어들일 수 있다. 정말 솔직하게 말하면 실력이 상위 25% 수준에 불과하지만, 인세 수익이 많은 작가도 세상에 존재할 텐데 그가 본인의 능력을 다양하게 조합하여 활용할 수 있기 때문이다.

전략적인 스킬 스태킹

스킬 스태킹은 시작이 반이다. 누구나 본래부터 다양한 기술을 지니고 있기 때문이다. 이를 스킬 스택skills stack이라 한다. 다만 여러분이 자신의 스킬 스택에 대해 진지하게 생각해 보지 않아서 인지하고 표현할 수 없었을 뿐이다.

나의 스킬 스택을 점검할 때 제일 먼저 할 일은 내가 가진 기술들이 서로 조화롭게 맞물려 특정한 목표를 이루는 데 도움이 되는지 확인하는 것이다. 예를 들어, 글솜씨가 좋고, 대중 앞에서 말을 잘하는 데다가, 연기 실력까지 출중하다면 각본·연기·연출까지 도맡아 해내는 영화인이 될 수 있다. 한편, 요리 솜씨가 좋고, 사업 감각이 탁월하며, 소통 능력이 뛰어나다면 요식업자로 성공하는 데 필요한 모든 자질을 갖춘 셈이다.

하지만 요리 솜씨가 좋고, 기타를 잘 치며, 소통 능력이 뛰어나다면 평균 이상의 웨이터가 될 수 있을 뿐이지, 성공한 요식업자가 되겠다는 꿈을 이루긴 힘들다. 마찬가지로 타자를 잘 치고, 탭댄스를 잘 추고, 땅콩 껍질을 잘 벗긴다면 서커스단 말고는 반겨줄 곳이 없을지도 모른다.

따라서 아무 기술이나 무턱대고 쌓을 순 없다. 서로 연관 지어 시너지 효과를 낼 수 있는 서너 가지 기술을 쌓아야 한다. 이처럼 연결성 있는 여러 기술을 쌓게 되면, 원래 잘하는 한 가지 기술만 구사할 때보다 나의 가치를 대폭 끌어올릴 수 있다.

나의 스킬 스택을 점검하기 위해 다음 몇 가지 질문을 통해 간단한 자기 평가를 해 보자.

현재 종사하고 있거나 앞으로 종사하고 싶은 산업이 무엇인가? 현재 직무 혹은 꿈꾸는 직무가 무엇인가? 해당 산업에서는 사람들이 어떤 기술을 가지고 서로 경쟁하는가? 그 분야에서 일하는 사람이 기본적으로 반드시 갖춰야 하는 기술이 무엇인가? 그 분야의 진입 요건이 되는 기술이 무엇인가? 지금 여러분이 대답한 그 기술이야말로 해당 산업의 근간이며, 평소에 간부가 직원을 평가할 때 척도로 삼는 기준이다.

여러분이 이 기술을 갈고닦아 상위 5% 안에 든다면 그것도 물론 대단하지만, 여러분과 실력이 비슷하거나 나은 사람이 여전히 존재할 테니 마음을 완전히 놓을 순 없다.

이렇게 너나없이 똑같은 기술을 가지고 경쟁한다면, 모두를 단번에 넘어설 수 있는 어떤 새로운 기술을 배울 수는 없을까? 그럼, 이 기술을 '비장의 무기'로 삼아 회심의 한 방(혹은 두세 방)을 날리고 남들보다 우뚝 설 수 있을 테니 말이다. 실은, 직업·직무와 굳이 관련되지 않은 다른 환경에서 습득한 기술도 비장의 무기가 될 수 있다. 나를 차별화하는 이런 기술은 내가 경쟁자보다 돋보이도록 도와준다. 하지만 어떤 기술을 비장의 무기로 삼는 게 좋을지 잘 모르겠다면,

여러분이 몸담은 분야나 관련 분야에서 최고의 기량을 뽐내는 사람들을 관찰하고 힌트를 얻는 것이 좋다.

주식 중개인이 되고 싶다고 가정해 보자. 그렇다면 주식 중개인들이 어떤 기술을 가지고 서로 경쟁하며 자신을 차별화하는지 생각해 보아야 한다. 일단 뛰어난 의사소통 능력과 수리 능력은 필수다. 이는 모든 주식 중개인이 마땅히 갖춰야 하는 역량이지만, 현실을 반영하여 75%만 실제로 이런 역량을 갖추었다고 하자. 하지만 상위 75% 안에 드는 것만으로는 채용될 확률이 턱도 없이 낮다.

그렇다면 어떤 기술을 배워야 나를 다른 주식 중개인과 차별화할 수 있을까? 세계 경제는 밀접하게 연결되어 있다. 따라서 중국이나 독일 같은 경제 대국의 언어를 배운다면 주식 중개인으로서 내 경력을 돋보이게 할 수 있다. 세계 인구의 50%가 한 가지 이상의 외국어를 구사할 수 있다고 주장하는 연구가 있다. 수치가 높게 잡힌 감이 있지만, 사실이라고 치자. 따라서 외국어 구사 능력을 갖춘 주식 중개인은 그렇지 못한 나머지 50%보다 경쟁 우위에 서게 되고, 구사할 줄 아는 외국어의 수가 많아질수록 더 많은 경쟁자를 제치게 된다. 그렇다면 우리가 외국어를 배워 상위 20% 안에 드는 주식 중개인이 되었다고 가정하자.

생명공학은 주식 시장에서 최고의 유망 종목으로 꼽힌다. 의학이나 인체, 치료법에 관한 깊이 있는 지식을 갖춘 주식 중개인은 각광받는 여러 신기술을 더욱 예리하게 분석할 수 있을 것이다. 따라서 풍부한 의학 지식이나 응급 처치 경험 혹은 가벼운 의료 지원 경험을 갖춘다면, 외국어만 할 줄 아는 다른 주식 중개인보다 경쟁 우위에 설 수 있다.

앞서 언급한 모든 분야에서 최고가 되긴 어렵다. 하지만 열심히 노력하고 정진하면 충분히 상위 10~15% 안에 들 수 있으므로, 남들보다 탁월한 유연성과 시장성을 갖추게 된다. 이는 편협한 전문성보다 다재다능함이 중시되는 오늘날에 아주 중요한 덕목이다. 따라서 독일어나 중국어 오디오 테이프를 꾸준히 들으면서 생명공학 기업들에 관한 기사를 일주일에 몇 편만 읽어도 주식 중개인으로서 몸값을 엄청나게 높일 수 있다. 들이는 노력에 비해 돌아오는 보상이 크다는 점이 핵심이다. 스킬 스택을 구축하고 확장하는 일이 이렇게나 쉬운 것이다.[68]

좀 더 재미있고 스트레스가 적은 활동으로 주제를 바꿔서 그림 그리기를 예로 들어보자. 잭슨 폴록Jackson Pollock[69]과 같이 물감을 흩뿌려 그림을 그리는 경우를 제외하면, 대부분 화가는 주어진 대상을 똑같이 그릴 줄 알아야 한다. 그리고 나중에 한두 가지 미술 도구에 집중하더라도, 기본적으로는 다양한 도구와 물감을 사용할 줄 알아야 한다. 그렇다면, 90%의 화가가 다양한 도구를 사용하여 그림을 그릴 수 있다고 가정하자.

잭슨 폴록

　일부 화가는 그리기 편하게 배치된 대상을 바로 앞에 두고 초상화나 정물화만 그린다. 그런데 자신이 본 풍경을 사진처럼 생생하게 기억할 수 있는 화가는 언제 어디서든 원하는 대상을 그릴 수 있고, 따라서 훨씬 왕성한 창작 활동을 펼칠 수 있다. 이러한 기억 능력은 시간을 투자하여 연습하면 향상시킬 수 있는 기술이다. 마지막으로, 예술 이론이나 신학이나 철학을 공부한 경험이 있는 화가는 작품에 의미와 긴장감을 더하는 몇몇 상징을 잘 알고 그려 넣을 수 있다.

　그림을 잘 그리는 화가는 많다. 하지만 다양한 도구를 다룰 줄 알고, 시각 기억력이 뛰어나며, 예술 이론과 신학과 철학에 두루 조예가 깊으면서 그림을 잘 그리는 화가는 굉장히 드물다. 그리고 이 모든 기량은 화가가 좋은 작품을 창작하는 데 보탬이 된다.

스킬 스택에 새로운 기술을 더할 때마다 우리는 복잡한 벤 다이어 그램에 원을 추가로 그려 넣고 그 교집합만큼 독특하고 고유한 사람이 되는 셈이다.

자기 능력은 자기가 최고로 잘 안다지만, 능력을 서로 조합하여 시너지 효과를 낼 수 있다는 사실은 미처 몰랐을 것이다. 스킬 스태킹을 통해 우리는 이미 가진 기술을 활용하여 많은 사람을 이롭게 할 수 있다. 아울러 어떤 기술들을 배우는 게 가장 큰 시너지 효과를 낼지 파악하여 누구보다 빛나는 인재로 거듭날 수 있다.

요점정리

- 이 장에서는 폴리매스가 되고자 한다면 어떤 기술들을 익히는 게 좋을지 고민해 본다. 우리가 롤 모델로 삼은 폴리매스들은 하나같이 예술과 과학에 조예가 깊었다. 다시 말해, 이들은 소프트 스킬과 하드 스킬을 함께 구사했다. 알베르트 아인슈타인은 스스로 조합 놀이라고 이름 붙인 행위가 연구 활동에 유익하다고 믿었다. 그래서 어떤 골치 아픈 문제가 도저히 풀리지 않을 때면 머리를 비우고 색다른 관점을 모색하기 위해 바이올린을 실컷 연주했다. 일단 어떤 기술을 익힐지 정하고 나면, 우리도 아인슈타인의 조합 놀이를 직접 활용해 볼 수 있다.

- 만화가 스콧 애덤스가 창안한 '스킬 스태킹'은 특정한 목표를 달성하기 위해 내가 가진 자질이나 기술을 최적의 방식으로 조합하는 전략을 일컫는다.

- 누구나 '스킬 스택'을 가지고 있다. 스킬 스택은 우리가 어떤 목표를 이루려 하든 남들보다 돋보이기 위해서는 한 가지 기술이나 능력에만 의존할 수 없다는 생각을 바탕으로 한다. 한 분야에서 상위 1% 안에 드는 사람은 극소수이고, 우리가 이 극소수의 사람이 될 확률은 희박하다. 따라서 서로 관련 있는 서너 가지 기술을 상위 10~15% 수준까지 계발하여 스킬 스택을 구성해야 한다. 이는 현실적인 목표이면서도 나를 차별화해 주는 무기가 된다. 나의 스킬 스택이 독특하고, 다채롭고, 큰 시너지 효과를 낼수록 나 또한 강력한 존재가 된다.

- 핵심은 서로 관련이 있는 다양한 기술을 익히는 것이다. 따라서 나의 장점에만 치중해서는 안 된다. 이상하게 들리겠지만, 장점만 부각하려는 욕심이 나의 발목을 잡기도 한다. 여러분이 몸담은 분야에서 최고의 기량을 뽐내는 사람들을 살펴보고 이들이 지닌 다채로운 스킬 스택에서 영감을 얻자. 정확히 어떤 방면에서 실력을 기르고 싶은지 마음을 정하고 나면, 그다음에 할 일은 간단하다. 책이나 웹 문서를 몇 편 읽고, 강의를 몇 개 듣고, 관련 경험을 쌓는 것이다. 이렇게만 해도 90%의 사람보다 더 많은 정보를 습득하고 한발 앞서 나가게 되므로 상위 10% 전문가가 된다. 이처럼 우리는 삶의 면면에 폴리매스가 주는 교훈을 멋지게 적용할 수 있다.

5

거인의
어깨 위에 서자

POLY
MATH

'거인의 어깨 위에 서면 멀리까지 내다볼 수 있다.'[70]라는 명언이 있다. 나의 노력이 보잘것없더라도 선대의 위대한 사상가들이 축적한 지식과 지혜를 발판으로 삼는다면 그들보다 더 멀리 나아갈 수 있고, 어떤 의미에서는 그들의 여정을 계승할 수 있다는 뜻이다.

하지만 나의 강점과 약점, 상황과 목표부터 철저하게 파악하는 것이 중요하다. 그들과 같은 폴리매스가 되고 싶다면 나의 고유한 개성과 호기심을 활용할 줄 알아야 하기 때문이다.

우리보다 먼저 이 세상을 살다 간 수많은 위인이 역사에 남긴 거대한 발자취를 되짚다 보면, 패턴을 읽어낼 수 있고 영감과 용기도 얻을 수 있다. 이들의 이야기에서 나에게 깊은 울림을 주는 부분과 그렇지 않은 부분을 구분하여, 취할 것은 취하고 버릴 것은 버리면 된다.

미리 인정할 점이 있다. 역사 속 폴리매스 대다수가 부유한 가정에서 태어났고, 왕족 내지는 귀족으로서 연줄이 든든했다. 대체로 안락한 생활을 누렸기에 먹고 사는 문제를 걱정할 필요가 없었으므로 오로지 학문에만 전념할 수 있었고, 바람둥이, 약물 중독자, 도박꾼으로 알려진 이들도 더러 있었다.

하지만 이들과 우리의 삶이 하늘과 땅 차이라고 해도 여전히 이들에게서 얻을 수 있는 몇 가지 교훈이 있다. 따라서 역사적·문화적 차이를 참작하여 과거의 폴리매스들을 바라볼 수 있다면, 우리가 가진 재능을 유감없이 발휘하여 현시대의 폴리매스로 거듭나는 방법도 배울 수 있을 것이다.

르네상스인의 원조

1452년 이탈리아 토스카나에서 태어난 레오나르도 다빈치는 세계사를 통틀어 가장 유명하고 재능 있는 폴리매스이자 엄청난 창의력의 소유자였다. 그는 과학, 수학, 예술, 정치, 문화, 역사 등 다양한 분야에 관심을 가지고 두각을 나타냈다. 이처럼 그는 믿기 어려울  만큼 다양한 분야에 정통했고, 열거하기 어려울 만큼 많은 업적을 남겼다.

[해부학]

다빈치는 해부학을 한 차원 높은 경지로 끌어올렸다. 그는 인체 내부 장기를 세밀하게 묘사한 해부도를 최초로 그린 인물이었다. 죽은 소의 뇌를 가지고 뇌실 모형을 떠서, 훗날 인체 장기 모형이 제작되는 발판을 마련하기도 했다. 사람의 척추가 S자 모양이라는 사실도 최초로 기술했다. 사람과 동물의 신체 해부 작업에도 수차례 참여하여, 관찰한 모든 것을 꼼꼼하게 기록하고 그렸다. 그의 탁월한 예술적 기량을 고려하면, 그 해부도의 가치가 얼마나 대단했을지 상상해 볼 수 있다. 그가 그린 인체 해부도에 실린 여러 그림은 오늘날에도 여전히 귀중한 자료다.

[혁신과 발명]

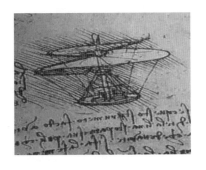

다빈치는 놀라운 선견지명의 소유자였다. 그는 자신이 죽고 거의 500년이 지난 후에야 실용화된 여러 발명품을 고안하고 스케치했다. 헬리콥터, 낙하산, 군용 탱크, 로봇, 스쿠버 다이빙 장비 모두 다빈치가 최초로 떠올린 아이디어에서 출발했다. 하지만 이것도 빙산의 일각에 불과했다. 그는 군사 및 국방

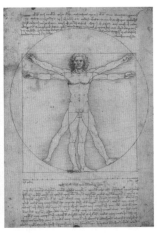

용 발명품에 특히 관심이 많았다. 심지어 일부 전기 작가는 다빈치가 대외적으로 내세울 직업이 필요해 다양한 예술 활동을 펼친 것이지 실제로는 전쟁과 관련된 일을 더 하고 싶어 했으리라고 추측한다.

[건축]

대규모 건설 프로젝트에 대단히 관심이 많았던 다빈치는 건축업자들을 위한 자문 위원 역할을 했다. 그리고 도시 계획 프로젝트에 참여하여 '이상적인 도시'를 설계했다. 운하의 수문 장치를 설계하기도 했는데, 이는 오늘날 사용하는 것과 굉장히 비슷하다.

[예술]

다빈치는 누구나 들어 봄 직한 걸작을 두 편 그렸다. 바로 「모나리자」와 「최후의 만찬」이다. 그의 또 다른 대표작인 「비트루비우스 인간」은 예술 작품이자 과학적 자료로 높이 평가받는 인체도다. 그는 혁명적인 대기 원근법을 그림에 도입하고, 일찍이 유화 물감을 사용한 선구적인 화가였고, 조각가이기도 했다.

[과학]

다빈치는 뛰어난 과학적 소양으로 여러 과학 분야의 발전을 견인한 주역이었다. 그는 당시 과학자들이 추정한 것보다 지구의 나이가 훨씬 많으리라는 사실을 화석을 통해 입증할 수 있다고 최초로 주장했다. 식물을 세밀하게 묘사한 그의 그림은 식물학에도 큰 영향을 미쳤다. 한편, 물의 움직임을 연구하여 수력으로 작동하는 방앗간, 기계, 엔진을 설계하기도 했다. 건반을 누르면 활이 움직이며 현을 켜도록 설계한 악기인 비올라 오르가니스타도 그의 작품이다.

이쯤 되니 정말로 그가 잠은 잤는지가 의문이다.

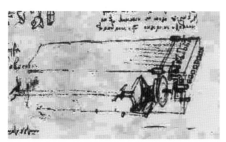

비올라 오르가니스타 설계도

독일어의 새로운 지평을 연 대문호

1749년에 태어난 요한 볼프강 폰 괴테Johann Wolfgang von Goethe[71]는 독일의 유명한 작가이자 폴리매스다. 빼어난 희곡, 시, 소설, 자서전을 썼고 식물학과 인체 해부학을 광범위하게 연구했다.

게다가 훌륭한 공직자이자 정계 인사였고, 마흔이 못 되어 작센─바이마르 공국의 귀족이 되었다. 당시 관습에 따라 그는 전통적인 전인 교육을 받았다. 그의 아버지는 괴테가 그리스어, 프랑스어, 영어, 라틴어, 심지어 히브리어까지 다양한 언어를 섭렵하도록 격려했고, 승마, 펜싱, 춤 등 신체 능력을 함양하는 교육도 철저히 받도록 했다.

괴테는 원래 라이프치히에서 법을 공부했지만, 법 공부를 끔찍이도 싫어했다. 대신 미술과 문학에 심취했고, 나중에는 저술 활동에만 전념했다. 70대에 이르러서는 음악 신동 펠릭스 멘델스존Felix Mendelssohn을 자주 만났고, 모차르트Mozart의 어린 시절에 멘델스존을 비견하며 그가 주목받을 수 있도록 도왔다.

괴테는 여러 위대한 작곡가에게 직접적인 영감을 주었고 평생을

음악 애호가로 살았다. 오늘날 독일의 보물이라 여겨지는 그의 작품
은 문학을 공부하는 사람이라면 반드시 읽어야 하는 필독서다. 괴테
는 문학 작품을 통해 끼친 영향력이 매우 지대하고 광범위한 까닭에
독일어의 지평을 새롭게 연 인물로 언급되곤 한다.

[문학]

괴테는 1773년에 발표한『괴츠 폰 베를리힝겐』[72]과 1774년에 발표한
『젊은 베르테르의 슬픔』[73]이라는 두 편의 초기 소설로 엄청난 명성
을 얻었다. 이 책들은 그 영향력이 대단했기에 '최초의 베스트셀러'
라는 별명이 붙었고, 괴테는 낭만주의 문학 운동의 창시자로 평가
받았다. 낭만주의 문학 운동은 오늘날 우리가 문학과 시를 바라보
는 방식에까지 영향을 미쳤다. 하지만 뭐니 뭐니 해도 사람들이 괴
테라는 이름을 보고 제일 많이 떠올리는 작품은 그의 대표작『파우
스트』[74]다.

노년에 이르러 괴테는 철학자 쇼펜하우어Schopenhauer가 지금까지
쓰인 가장 위대한 소설 네 권 중 한 권이라고 상찬했던『빌헬름 마
이스터의 수업 시대』[75]를 비롯하여 희곡과 우화 몇 편을 썼다. 60대
후반에는 시를 통해 오리엔탈리즘을 새롭게 탐구하며, 진정한 폴리
매스는 배우고, 발견하고, 변화하는 일을 멈추지 않는다는 사실을
몸소 증명했다.

[식물학과 물리학]

괴테는 문학에 지대한 영향을 미친 인물로 가장 많이 알려졌지만, 과학에 관한 글도 활발히 썼고, 광학 실험을 고안했으며, 뉴턴의 광학 이론에 정면으로 반박하는 독자적인 색채 이론을 펼쳤다. 괴테에게 빛이란 기계적으로 분석해야 하는 대상이 아닌, 상대적으로 파악해야 하는 대상이었다. 그는 엄청나게 방대한 논문 『색채론』[76]을 통해 인간은 신경계가 해석하는 대로 색을 인지한다고 설파했다.

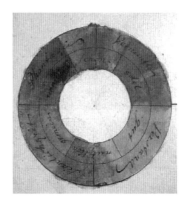

괴테의 색상환(1810)

오늘날 물리학자들은 인간이 색을 인지할 때 주어진 환경과 개인의 감각이 모두 중요하게 작용한다는 사실을 잘 알지만, 당시에는 괴테의 색채 이론이 외면받았다. 하지만 어쩌면 그의 진정한 업적은 그 시대를 주름잡던 뉴턴의 이론에 용기 있게 의문을 제기하고 반박한 것일 테다. 그의 이론이 불러일으킨 철학적 반향을 오늘날의 현대적인 연구에서도 찾아볼 수 있다.

괴테는 과학에서도 종횡무진 활동하며 식물학, 지질학, 심리학, 그리고 기상학까지 연구했다. 일각에서는 훗날 현대적인 일기 예보 기술이 등장하는 데 그가 주춧돌을 놓았다고 평가하기도 한다. 그는 당시의 전통 과학 지식에 반하던 앞니뼈를 발견하여 해부학에서도 중요한 성과를 남겼다.

괴테는 살아생전에 이미 다양한 학문을 독학으로 섭렵한 르네상스인이라는 명성을 얻었다. 그는 자신이 문학적으로 너무나 뛰어나기 때문에 의학이나 해부학 연구에서는 뒤처질 수 있다는 생각을 티끌만큼도 하지 않았다.

[정치]

문학에서 거둔 성공은 괴테에게 적잖은 명성과 부를 안겨주었고, 그가 작센-바이마르 공국의 공직자가 되는 데 여러모로 기여했다. 그는 곧 계급 사다리를 착실히 올라 여러 직함을 달고 사회적 활동 반경을 넓혀 갔다.

그는 한때 군사위원회 위원장을 역임하고, 잠시간 작센 지방의 재상을 지냈는데(그래서 이름에 '폰'이 붙었다) 이는 오늘날 총리와 맞먹는 직위였다. 아울러 도로 개발과 광산 정비를 관리 감독했으며, 대대적인 세금 개혁에도 관여했다. 괴테는 결코 은둔형 괴짜 예술가가 아니었고, 오히려 활발하게 사회 활동한 유력 인사에 가까웠다.

아이작 뉴턴의 오류를 증명한 자

토머스 영Thomas Young[77]의 전기를 쓴 어느 작가는 그를 '모든 것을 알았던 마지막 사람'이라고 표현했다. 1772년에 잉글랜드의 퀘이커교도 가정에서 태어난 그는 4세에 이미 성경을 두 번 완독했고, 14세에 이미 십여 개의 언어를 배웠으며, 겨우 23세에 내과의로 일하기 시작했다. 한 일화에 따르면, 어린 시절 그가 춤을 배우다 말고 컴퍼스와 자로 무언가를 열심히 그리는 모습을 친구들이 발견했다고 한다. 알고 보니 그는 미뉴에트 춤을 수학적 도표로 나타내고 있었다. 춤을 더 잘 추기 위해서였다.

토머스 영과 이중 슬릿 실험

영은 자기 시대를 대표하는 폴리매스로서, 물리학, 기계학, 생리학, 언어, 음악(독자적인 악기 조율법까지 개발했다), 이집트학, 상형 문자에 능통했다. 그는 다방면에 관심이 많았고 수많은 업적을 남겼지만, 로제타석을 해독하는 데 핵심적인 공헌을 한 사람으로 가장 널리알려졌다.

영은 종조부의 재산을 상속받고 경제적 여유가 생기자 병원을 개업했고, 독자적인 연구를 진행하여 의학 논문도 발표했다. 1801년에 그는 (오늘날 물리학에 가까운) 자연철학 교수로 임명되었다. 이후에는 왕립 학회의 외무 장관, 그리고 미국 예술 과학 아카데미의 외국인 명예 회원으로 임명되었다.

이외에도 영은 여러 위원회, 협회, 아카데미, 이사회 등에서 총무를 맡았으며 수많은 프로젝트와 정책을 감독했다. 56세의 나이로 숨을 거두었을 때 그는 정력적으로 활동하며 탁월한 업적을 남긴, 시대의 위인으로 존경받았다.

[물리학]

영의 최대 공적을 꼽자면 이제는 확실히 자리매김한 빛의 파동설을 주창한 것일 테다. 훗날 물리학과 양자역학에서 다룰 여러 주제의 근간이 된 유명한 이중 슬릿 실험[78]도 영이 최초로 고안했다. 그는 잔물결을 일으킨 물통을 이용하여 빛과 물결의 간섭무늬가 정확히 일치한다는 사실을 입증하고 빛의 본질이 파동임을 주장했다.

영은 빛이 입자라고 주장한 뉴턴의 기존 가설에 반박했다. 영의 주장이 진지하게 받아들여지기까지 오랜 시간이 걸렸고, 빛이 파동이자 입자라는, 언뜻 역설처럼 느껴지는 이론이 지금과 같이 확립되기까지 또다시 오랜 시간이 걸렸다.

영은 이외에도 탄성, 응력, 표면 장력, 모세관 현상, 진자 운동을 연구하여 기계와 공학 발전에 이바지했다. 그의 연구는 여전히 공학, 수학, 물리학 등 각기 분야에서 유의미하게 남아 있다.

[의학]

영의 본업은 의사였다. 그는 이른 나이에 대단히 존경받는 내과의가 되었고, 틈이 날 때마다 연구를 진행하여 혈액 동역학(체내 혈액 순환 현상을 연구하는 학문), 쇠약증, 난시(영이 원인을 발견한 질병)에 관한 중요한 의학적 사실을 관찰하고 기록한 논문을 발표했다. 그리고 소아 환자의 약용량을 계산하는 간단한 공식도 고안했다.

영은 일평생 의학에 열정을 쏟았다. 그런데 의사가 과학 연구를 한다고 비난받자 자신의 의학적 전문성을 옹호하는 다음과 같은 글을 썼다. "나는 연구와 저술 활동을 의학에만 국한하기로 다짐했다. 하느님이 주시지 않은 재능에는 책임이 없지만, 나의 것인 재능은 지금껏 기회가 있을 때마다 부지런히 연마하고 활용해 왔다. 따라서 앞으로도 나의 의학적 재능을 성실하고 담담하게 펼쳐 나갈 것이다. 늘 그랬듯 내가 쏟는 모든 노력은 결국 의사라는 직업을 위해서다."

[언어학]

영은 1796년에 논문을 한 편 발표했는데, 익살스럽게도 논문의 마지막 네 쪽에 "빈 지면으로 남겨두지 않으려고" 표준 음성 기호 설명서를 실었다. 아울러 방대한 브리태니커 백과사전 「언어」 편 집필을 맡아 400가지 언어의 문법과 어휘를 요약해 실었고, 그 과정에서 새로운 언어학 용어를 다수 만들었다.

고대 이집트 문자 해독의 열쇠가 된
로제타석

하지만 영이 이룬 최고의 업적은 단연 고대 이집트의 상형 문자를 해독해 낸 일이다. 그는 로제타석[79]에서 민중 문자로 쓰인 부분을 완전히 해독하여, 로제타석에 표의 문자와 표음 문자가 혼용 표기되어 있다는 사실을 밝혀냈다. 아울러 누비아[80]의 기독교 역사에 관한 글을 썼는데, 독실한 기독교 신자였음에도 관찰자로서 객관성을 잃지 않았다. 영은 자기 분야에서 다른 사람들과 치열한 경쟁을 펼쳤다. 그의 연구 결과가 논란을 빚기도 했지만, 그가 언어학 발전에 전반적으로 이바지한 사실은 부정할 수 없다.

다양한 관심사를 좇았던 영의 생애를 되짚어 보면, 견제와 비판과 반대 속에서도 궁금한 것을 끝까지 파헤치고, 지적 역량을 한껏 발휘하며 순수한 기쁨과 만족을 느끼던 한 인간을 발견하게 된다. 영은 천재라는 호칭이 손색없이 어울리지만, 천재이기 이전에 비교적 짧은 생애 동안 많은 업적을 이루어낸 정력적이고 성실한 사람이었다.

생각하므로 존재하는 자

유명한 철학자 르네 데카르트Rene Descartes[81]는 앞서 언급한 다른 폴리매스들처럼 다양한 분야를 탐구하지는 않았지만, 철학, 수학, 과학의 발전에 지대한 공헌을 했고, 그의 유명한 명제 '나는 생각한다. 고로 존재한다.'[82]는 서양 철학에 헤아리기 어려울 만큼 깊은 영향을 미친 거대한 초석으로 평가받는다.

[철학]

데카르트는 도무지 의심할 수 없는 확실한 진리가 무엇이냐는 조금 색다른 철학적 질문을 던졌다. 요지는 이렇다. 의심이 있다면 반드시 의심하는 자가 있다. 즉 의심은 의심하는 자의 존재를 확실히 입증한다. 따라서 '생각한다'라는 말은 생각하는 자의 존재를 확실히 입증한다.

인간의 감각은 반드시 한계를 수반하므로 못 미덥다. 인간의 이성도 못 미더운 것은 마찬가지다. 우리의 지적 능력이 현혹, 착각, 기만에 빠지지 않으리라고 누가 장담할 수 있겠는가? 하지만 도무지 의심할 수 없는 확실한 진리가 있다. 그것은 바로 우리가 생각하므로 존재한다는 사실이다.

데카르트는 1637년 저서『방법서설』[83]에서 과학 연구의 기본 원칙, 신과 영혼이 존재한다는 증거, 물리학에 접근하는 방식, 세상 만물의 마음과 영혼 등의 주제를 활발히 탐구했다(이미 눈치챘겠지만 폴리매스는 심오한 주제에 이끌리는 경향이 있다). 그의 저서는 오늘날까지도 활발히 연구되고 있으며, 그가 정립한 많은 이론과 개념이 후대의 철학적 사유에 깊은 영향을 미쳤다.

데카르트의 철학은 이 책에서 간단하게 설명할 수 있는 수준을 넘어서지만, 이 점은 말할 수 있다. 그는 회의주의라는 태도에 깊이 천착한 선구자로서, 증명할 수 없는 것을 당연하게 받아들이지 않았다. 그리고 이토록 엄격한 원칙 위에서만 견실한 철학을 세웠다. 이러한 이유로 그는 현대 철학의 아버지로 불리며, 많은 후대 철학자에게 나아갈 방향을 제시했다.

그의 또 다른 저서인『제1 철학에 관한 성찰』[84]도 마찬가지로 후대에 큰 영향을 끼친 책으로 여기서 제안된 과학적·철학적 사유의 순서와 방식은 현재에도 여전히 논의되는 주제이다. 오늘날 우리에게는 그리 대수롭지 않은 관념일 수 있지만, 정신과 육체를 별개의 실체로 간주하는 심신 이원론[85]은 그가 광범위한 연구 끝에 주창한 이론으로, 이 이론이 서양 사상계에 미친 파급력은 가히 헤아리기가 어렵다.

[수학]

데카르트는 데카르트 좌표계[86]를 고안했다. 그래프를 그리거나 읽을 때 늘 사용하는 바로 그 좌표계 말이다. 2차원 도형 안의 모든 지점을 평면 위의 두 숫자로 표현할 수 있는 데카르트 좌표계는 선형대수학[87], 미분기하학[88], 군론[89], 해석기하학[90], 미적분학 등 여러 분야에서 널리 사용되고 있다. 모든 기하학 도형과 방정식을 표현할 수 있다는 점에서 데카르트 좌표계의 활용성은 무궁무진하다. 아울러 데카르트는 다항식에서 양/음의 실근 개수를 구하는 방법을 고안했다. 방정식의 변수를 x와 y로 표현하는 관행도, 어떤 수의 제곱을 x^2와 같이 위 첨자로 표현하는 관행도 모두 그에게서 비롯했다.

[과학]

데카르트는 저서인 『굴절 광학』[91]에서 스넬의 법칙[92]으로 더욱 잘 알려진 굴절의 법칙을 기술하여 광학 분야에 지대한 공헌을 하였고, 현대 물리학의 발전에 광범위한 영향을 미쳤다. 아울러 운동량 보존의 법칙을 고안하기도 했다.

데카르트는 자연법칙 이론을 공식화한 최초의 인물이었다. 그가 제안한 제1 자연법칙은 '각 물체는 항상 같은 상태를 유지한다. 따라서 물체가 한번 움직이면 그 운동을 항상 지속한다.'이고, 제2 자연법칙은 '운동하는 각 물체는 자연스럽게 직선 운동을 한다.'이다. 어디선가 들어 본 것 같지 않은가? 두 가지 법칙을 바탕으로 뉴턴의 운동 제1 법칙이 탄생했다.

피라미드를 세운 건축가

폴리매스는 역사적으로 특정한 시대에 서구의 지성인들 사이에서만 등장한 것이 아니었다. 르네상스 시대가 도래하기 한참 이전부터 르네상스인이 존재했고, 오랫동안 문명의 요람 역할을 했던 이집트에서도 폴리매스의 원조 격 되는 인물이 등장했다. '평화롭게 다가오는 사람'이라는 뜻의 이름을 가진 임호테프Imhotep93는 의사이자 신학자, 대사제, 시인, 공학자, 현자였고, 제3 왕조의 두 번째 파라오 조세르Djoser를 모시는 고관이자 수상이었다. 그는 기원전 27세기에 오늘날 카이로보다 약간 남쪽에 위치한 지역에서 평민으로 태어났다. 대부분 세계가 아직 원시적인 수렵 채집 생활을 할 때, 고대 이집트인들은 고도로 발달한 문명을 향유하며 과학과 예술을 꽃피웠다. 그는 일평생 많은 직함과 존칭을 얻었고, 살아생전에 이미 의술과 지식의 신으로 신격화되었다. 이처럼 고대에도 임호테프를 비롯해 왕성한 활동을 펼친 폴리매스들이 존재했을 것이다.

[의학]

임호테프는 내과적 치료와 외과적 치료에 모두 능통한 의사로 명성이 자자했다. 그는 타국의 의사들이 수백 년이 지난 후까지 치료법을 찾지 못해 애를 먹은 200가지 질병을 진단하고 치료할 수 있

임호테프

었다고 전해진다. 그리고 '의학의 아버지'라고 불리는 히포크라테스보다 2천여 년 앞서 질병 치료법을 실험했다. 임호테프의 주요 공적 중 하나는 질병이 자연적인 현상이지, 그 시대의 그릇된 통념대로 신이 내린 징벌이 아님을 밝힌 것이다. 기록에 따르면 그는 당시 이집트에서 쉽게 구할 수 있는 천연 재료를 이용하여 안과 질환, 담석, 통풍, 피부과 질환, 결핵, 심지어 치과 질환까지 능숙하게 치료했다고 한다.

임호테프는 신체의 다양한 계통을 다루는 생리학과 인체 해부학 분야에 폭넓은 지식을 갖추고 있었다. 그의 식견은 시대를 감안하면 단연 독보적인 수준이었다. 그가 쓴 것으로 추정되는 에드윈 스미스 외과술 파피루스Edwin Smith Surgical Papyrus[94]는 고대 이집트의 의술 및 보건 상태를 명확하게 파악할 수 있도록 해 주는 좋은 사료다.

에드윈 스미스 파피루스

이 파피루스에는 두부 외상과 자상을 비롯한 주요 임상 증례, 풍부한 해부학 용어, 다양한 질병 치료법이 기술되어 있다. 그 시대 의술 행태와 달리 한층 합리성을 띠어 주술이나 신을 그다지 언급하지도 않았다. 게다가 의사들이 치료 가능한 질병과 치료 불가능한 질병을 구별하여 조처하도록 조언했다는 점에서 의료 윤리의 발원을 엿볼 수도 있다.

임호테프는 현대적인 관점에서 굉장히 투박해 보일 수밖에 없는 도구와 기술로 미지의 질병을 물리치기 위해 온 힘을 다해 싸웠다. 그리고 시신에서 장기를 꺼내 별도의 용기에 보존하는 미라 제작 기술을 개척했다.

[공학과 건축]

고대 이집트인들은 공학, 석공, 설계, 기하학, 수학, 건축 분야에서
재능을 발휘하여 위대한 업적을 쌓은 사람들을 대단히 존경했다.
임호테프는 사카라에 있는 계단식 피라미드의 건축가로 유명하다.
사카라의 계단식 피라미드는 이집트 최초의 피라미드이자, 전례를
찾아볼 수 없는 경이로운 공학 기술의 결정체였다.

사카라에 있는 조세르의 피라미드

아울러 그 정도 규모의 건축물 가운데서는 최초의 석조물로 널리
인정받고 있으며, 당시에는 세계에서 가장 높은 인공물이었다.[95] 피
라미드만으로도 대단히 복잡한 공사인데 그는 부대시설인 뜰, 사
원, 정자, 열주를 세운 회당, 신전까지 공사를 총괄했다. 석회암을
사용한 새로운 건축 기법이 도입된 이 웅장한 피라미드는 놀라울
만큼 강하고 견고하여 5000년이 지난 지금까지도 우뚝 서서 그의

선견지명을 증명하고 있다.

임호테프는 나일강을 이용하여 이집트를 큰 가뭄에서 보호하는 정교한 관개 시스템을 구축했다. 그리고 종교, 시, 의학, 건축을 주제로 왕성한 저술 활동을 하여 후대에 중요한 유산을 남겼다. 고대 이집트는 수천 년 동안 고도로 발달한 문명을 누리며 성장과 발전과 번영의 중심지로 떠올랐다. 이 위대한 시절을 떠받친 선구자 임호테프는 자신의 천재성을 마음껏 발휘하여 고대 이집트 문명을 찬란하게 꽃피운 일등공신이었다.

폴리매스가 주는 세 가지 교훈

첫 번째 교훈 : 다양화하자

폴리매스는 그가 어떤 사람이었는지, 인류 역사의 어느 시대에 살았는지, 어떤 관심사를 지녔고 어떤 업적을 남겼는지에 상관없이 모두 같은 전략으로 승리했다. 바로 다양화 전략이었다. 이들이 여러 프로젝트를 동시에 벌일 때면 언제나 마법 같은 일이 펼쳐졌다. 폴리매스가 성공과 명성을 누린 까닭은 단순히 열심히 노력했기 때문이 아니라, 다양한 기술을 조합할 줄 알고, 서로 다른 분야 '사이'에 위치한 비옥한 중간 지대를 탐색할 줄 알았기 때문이다.

우리가 살펴본 폴리매스들에게는 같은 주제로 연구하는 동시대 동료들이 존재했다. 토머스 영의 경우, 치열한 경쟁을 벌인 라이벌도 있었다. 그런데 흥미로운 사실은 오로지 한 분야에 밤낮으로 매달린 경쟁자보다 비록 수준은 얕을지라도 참신한 시각으로 다양한 문제에 다양한 해법을 제시한 폴리매스가 더 존경받는다는 점이다. 이제 여러분도 확실히 알 것이다. 폴리매스는 다양한 지식을 바탕으로 어떤 분야의 어떤 문제도 모두 해결한다. 사방으로 튀는 관심사와 여기저기 벌여 놓은 프로젝트임에도 불구하고 해내는 것이 아니라, 그 덕분에 해내는 것이다.

한 분야에서만 전문성을 쌓으면 종이 위에 점 하나를 콕 찍는 셈이다. 그런데 여기에 다른 생각이나 관점을 더하면 점이 하나 더 찍히면서 직선이 생겨난다. 폴리매스는 여기서 한발 더 나아가, 접하는 모든 정보와 떠오르는 모든 아이디어에 차원을 부여한다. 이들의 프로젝트는 3차원 내지는 4차원 심지어 5차원 도형인 셈이다. 사방으로 뻗어 나가 역동적으로 연결되며 '원대한 그림'을 완성하므로 생동감 넘치고, 고차원적이다. 이처럼 원대한 생각을 품고, 정형화된 사고의 틀을 깨는 능력이야말로 폴리매스식 사유의 특징이다. 인류의 패러다임을 뒤바꾼 주인공이 전문가들이 아닌, 진중하게 전문성을 쌓지 않고 이것저것 건드리기만 한다고 오해받던 정력적이고 다채로운 개인들인 것은 우연이 아니다.

두 번째 교훈 : 담대해지자

우리는 아득한 역사적 간격을 사이에 두고 폴리매스가 한평생 일군 업적만 본다. 그렇다 보니 이런 사람들은 무슨 일이든 식은 죽 먹기로 해내며 성과를 척척 쌓고, 감탄의 눈길과 박수 소리에 둘러싸여 살았으리라 오해하기 십상이다. 하지만 그 이면의 진짜 모습은 다소 초라했다. 많은 폴리매스가 외톨이였고, 세상 사람들이 격렬하게 반대하고 훼방 놓는 가운데서 홀로 묵묵히 일했다. 세계적으로 위대한 과학자나 작가, 의사는 무지와 공포, 정치적 탄압에 맞서 싸워야 하는 경우가 많았고, 폴리매스의 처지도 별반 다르지 않았다.

우리가 살펴본 폴리매스는 하나같이 남들의 의심과 비판, 조롱을 크든 작든 경험했다. 하지만 크게 개의치 않았다. 활활 타오르는 지적 열망을 가슴에 품고 살아가는 이들에게 남들의 오해와 훼방은 사소한 걸림돌에 불과했다. 그래서일까? 평생 자기 분야에서 동료들과 의견 차이를 좁히지 못하고 학계의 변두리에 머물며 대세 이론을 거부했다고 기록된 위인도 많다.

우리가 살펴본 폴리매스 대다수가 먹고사는 문제를 걱정하지 않아도 되는 행운을 누렸지만, 개중에는 가난한 집안에서 태어난 사람도 분명히 있었고, 자신의 원대한 포부를 앗아가는 일을 하기보다 차라리 가난을 선택한 사람도 제법 많았다. 이들의 이러한 태도는 우리에게 용기를 북돋워 준다. 보통 사람이 그저 꿈만 꿀 수 있는 천재성을 타고난 폴리매스도 한낱 인간으로서 역경에 맞서면서 자신에게 가장 중요한 일을 추구해 나간 것이다.

세 번째 교훈 : 진짜의 나로 살자

호기심 많고 담대한 폴리매스라면 진정한 자기 자신으로 살아갈 용기도 지니고 있다. 이들은 참신한 비전을 제시하고, 새로운 지평을 열고, 독창적인 아이디어를 고안하는 등 새롭고 독특한 일을 해내려고 노력한다. 그리고 이러한 목표를 달성하고자 자신부터가 비범하고 유일무이한 인간이 된다. 이전 장에서 우리는 획일적인 딱지를 붙여 자신을 좁은 틀에 가두면 반드시 편협하고 제한적인 존재가 될 수밖에 없다는 사실을 확인했다. 그래서 폴리매스는 자신을 단순하게 규정하기를 거부하고 본연의 모습에 집중하며, 영감을 주는 일을 좇아 자기만의 독특한 재능을 최대한 발현한다.

성장형 사고방식을 온몸으로 실천하는 이들이 바로 폴리매스일 것이다. 폴리매스는 우리가 어디까지 알 수 있고, 어디까지 될 수 있는지 미리 한계를 지어 놓지 않는다면, 얼마나 많은 일을 해낼 수 있는지 보여 준다. 이들은 실수를 재빨리 인정한다. 실수를 빨리 인정할수록 정답을 빨리 찾을 수 있기 때문이다. 하지만 이는 결코 옳고 그름에 연연해서가 아니라, 그저 제대로 알고 싶은 마음에서다.

폴리매스는 삶의 원동력이 순수한 호기심과 탁월해지려는 열망이어서, 부귀영화나 출세에는 그다지 관심이 없다. 그래서 돈벌이가 되지 않고 인정받지 못하더라도 계속해서 꿈을 좇으며, 이미 충분한 영예를 얻은 후에도 생산적인 활동을 멈추지 않는다.

겉으로 드러나는 보상이 아니라 학습 과정 그 자체에 열중하는 이러한 태도 덕분에 폴리매스는 변함없이 솔직담백하고 진실한 인간으로 남는다. 폴리매스는 자신을 기만하거나 허튼일에 한눈팔 겨를이 없다. 이토록 흥미진진하고 신비로운 세계를 종횡무진 탐험해야 하는 데 그저 방해만 되기 때문이다.

요점 정리

- 폴리매스의 인생길을 돌아보면 그야말로 파란만장하다. 하지만 역사에 길이 남은 몇몇 폴리매스의 발자취와 철학을 되짚어 보는 것만으로도 얻을 수있는 교훈이 많다. 이들은 자신의 삶을 통해 지식, 성실함, 그리고 반드시 충족해야만 직성이 풀리는 순수한 호기심이 합쳐졌을 때 얼마나 큰 위업을 달성할 수 있는지를 몸소 보여 준다.

- 가장 유명한 폴리매스인 레오나르도 다빈치부터 살펴보자. 대부분 사람이그를 화가로만 알지만, 사실 그는 굉장히 다양한 분야에서 활약했다. 몇 가지만 꼽아 보아도 그는 군사 전략가이자 조각가이자 해부학자이자 기계공이었다.

- 요한 폰 괴테는 독일 문화에 지대한 영향을 미친 여러 문학 작품을 저술하여 독일어의 새로운 지평을 연 인물로 평가받는다. 몸이 두 개여도 모자랄것 같은 그는 식물학에서도 명성을 날렸고, 독일 정계에 입문한 뒤 착실히보직에 올라 군사위원회 위원장을 지내고 대대적인 세금 개혁을 감독했다.

- 토머스 영은 흥미로운 사례다. 대부분 사람이 그의 이름은 몰라도, 뉴턴의이론이 틀렸다는 것을 증명한 사람이라고 하면 알기 때문이다. 기존 물리학이론의 오류를 지적했다는 사실이 입증하듯 그는 물리학과 과학 실험법에상당한 식견이 있었다. 그리고 로제타석 번역에 성공하여 이집트 상형 문자를 해독하는 데 큰 공헌을 했다. 그런데 이 모든 일을 해낸 그의 본업은 사실의사였다.

- 르네 데카르트는 현대 기하학의 아버지이자, 선도적인 물리학자, 역사를 통틀어 가장 뛰어난 서양 철학자로 손꼽힌다. 그는 지식의 본질, 그리고 증명할 수 있는 것과 증명할 수 없는 것에 대한 고찰로 유명해졌다. 그리고 생각하는 사람은 존재한다는 선언 '나는 생각한다. 고로 나는 존재한다.'에 이러한 고찰을 담았다.

- 임호테프는 고대 이집트에 지대한 영향을 미쳤지만, 역사에서 오랫동안 그 이름이 잊혔던 인물이다. 그는 파라오를 섬기는 의사였고, 이집트 최초의 피라미드를 설계한 건축가였다. 그의 공학적 기량은 피라미드에서 멈추지 않고 초기 관개 기술을 개발하는 데까지 뻗어 나갔고, 그 덕분에 이집트는 나일강을 젖줄 삼아 찬란한 문명을 꽃피울 수 있었다.

- 폴리매스 정신의 특성은 제2장에서 이미 다루었지만, 실존 인물들을 통해 그 특성을 직접 살펴보면 더욱 분명하게 이해할 수 있다. 우리가 이들에게서 발견한 세 가지 공통된 특성은 바로 다양성, 대담성, 저돌성이다. 개별 지식 영역에 혁신을 가져오는 지식의 다양성, 관습에 얽매이지 않고 새로운 아이디어와 전략을 받아들이는 대담성, 적당히 해서는 직성이 풀리지 않는 목표를 향한 저돌성이야말로 폴리매스의 특성이라 할 수 있다.

POLY
MATH

사용하였다. 저자는 빌 게이츠, 비틀즈를 비롯해 여러 성공한 사람들이 시기와 주변 환경을 잘 타고났으며, 이를 통해 성공할 수 있는 기회를 얻었다고 말한다. 이는 반대로 말하면 시기와 주변 환경, 기회가 주어지지 않으면 성공할 수 없다는 의미로, 성공엔 개인의 노력과 재능이 아닌 주변 환경과 기회가 중요함을 강조하고 있다.

또한 대한항공 801편 추락 사고를 예시로 들면서 한국의 상명하복 문화가 사고의 원인이었지만 이러한 상명하복을 없앤 후 큰 사고가 없었음을 지적하고, 한국어, 중국어, 일본어의 숫자 체계가 다른 언어보다 직관적이기에 동아시아인들이 수학을 잘할 수 있음을 지적하는 등 그 사회의 문화가 개인의 성과에 미치는 영향 또한 강조하고 있다.

마지막 장에서는 빈민층 아이들에게 한국식 입시 교육을 시켜 명문대 진학에 성공시키고 있는 미국의 '키프 프로그램(KIPP: Knowledge is Power Program)'을 소개하면서 '성공을 위해서는 개인의 노력도 중요하지만 개인이 노력하게 만드는 환경을 조성하는 것도 무엇보다 중요하다'는 결론을 내린다.

성공을 위해서 1만 시간의 노력이 필요하다는 '1만 시간의 법칙'도 이 책을 통해 널리 알려졌는데, 그는 이 1만 시간을 '주변 환경이 따라 준다면 자연스럽게 겪게 되는 시간이며, 주변 환경이 따라주지 않는다면 무지막지한 노력이 필요하다'는 주장의 논거로 사용했다. 이에 다소 논쟁의 여지는 있지만 1만 시간의 법칙과 주변 환경의 중요성에 대해 대중적으로 널리 알린 책이다. 16p

07 T형 인재가 아니라, π형이나 빗 모양 인재 : T형 인재는 하버드 경영대학원의 도로시 레너드-바튼Dorothy Leonard-Barton 교수가 제시한 콘셉트로, 깊은 지식(세로 막대)과 폭넓은 지식(가로 막대)이 꼭 T자형과 같다고 하여 명명한 것이다. T형 인재의 세로 부분은 개인이 훈련을 통해 취득한 전문 기술로 디자인 씽킹 프로세스와 실행 프로젝트에서 개별적으로 진행하는 단계에서 필요한 것을 의미한다.

예를 들어, 심리학자는 '이해' 단계에서 필요한 경험과 방법론적 지식을 가져온다. 가로 부분은 두 가지 특징이 있다. 한 가지는 공감으로 자신의 관점을 돌아보면서 동시에 다른 사람의 관점을 수용하는 것이다. 다른 특징은 다른 구성원들의 전문성을 자신의 전문성과 접합하는 능력이다.

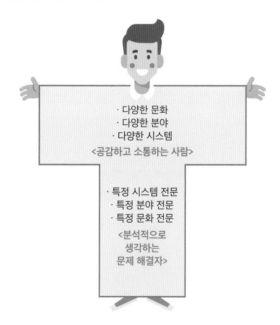

T형 인재는 개방적이고 다른 사람의 관점이나 주제에 관심을 두며 다른 사람들의 환경과 분야에 호기심을 느낀다. 디자인 씽킹 프로세스에서는 다른 사람이 생각하고 일하는 방식을 잘 이해하면 이해할수록 진행 속도가 빨라지고 성공할 확률이 커진다.

능력의 분야와 깊이에 따른 명명에는 T형 인재 이외에도, 한 분야에 대해서만 정통한 전문가형 인재를 I형 인재, 두 가지 이상의 전문 지식으로 무장한 통섭형 인재인 A형 인재, 자신의 차별화된 강점과 다른 사람의 차별화된 강점을 네트워크로 연결하여 강력한 합체를 만드는 능력을 지닌 합체형 인재인 H형 인재, T형이 둘 또는 그 이상으로 결합된 멀티플레이어로서의 융합형 인재인 π형 또는 빗 모양 인재 등을 들 수 있다.

이 밖에도 어떤 역량을 얼마나 갖추었는지에 따라 '성품(Character)', '업무 능력(Competence)', '사명감(Commitment)', '창의성(Creativity)', '의사소통(Communication)', '협력(Cooperative, Collaboration)', '통섭(Consilience)', '융합 혁신(Convergence)' 등의 요소를 차용해 3C형, 4C형, 5C형 인재라고 부르기도 한다.

적응 능력에 따라서는 부지런하며 꼼꼼한 개미의 습성을 지닌 개미형 인재, 거미처럼 자신의 영역에서 언제 어디에 거미줄을 쳐야 좋을지를 인지하고 촘촘한 거미줄에서 기다리며 성과를 내려 하는 거미형 인재, 애벌레와 번데기를 거쳐 성체로 변태하는 나비처럼 시대와 상황에 따라 본래의 모습을 고집하지 않고 외부 사회와 활발히 소통하며 성장해 가는 나비형 인재를 들 수 있다.

그리고 기존 산업 사회에서의 블루칼라(blue-collar) 인재나 화이트칼라(white-collar) 인재에서 벗어나 IT 분야에 대한 전문성을 기본적으로 갖추고 있으면서 융복합적인 사고를 통해 자신의 전공, 직업 분야와 무관하게 완전히 새로운 기술 영역에서 일하는 인재를 뉴칼라(new-collar) 인재라 부른다. 여기서 뉴칼라 인재를 판별하는 기준은 STEM(Science, Technology, Engineering, Math) 기반의 기술을 보유하고 있는지의 여부다. 16p

08 심리 게임 : 번Berne은 '교류 분석(Transactional Analysis)' 이론을 세운 미국의 정신의학자로, 인간의 사회적 교류에서 작동하는 심리 역학을 심리 게임 이론으로 제안하였다. 그는 1964년 발간한 『심리 게임』이란 책을 통해, '알코올 중독자' 게임을 비롯하여 '당신만 아니었으면', '나 좀 차 주세요', '당신 때문이야', '너 이번에 딱 걸렸어', '받아가 보시지' 등의 게임에 대한 실제 사례를 들어가며 무려 100여 가지의 게임을 소개하였다.

그에 따르면, 다른 사람과 관계 맺음 없이 홀로 버텨야 할 빈 시간을 게임을 통해 쉽게 메울 수 있지만, 자각과 자발성, 친밀감을 획득해 스스로 자율적 인간이 된다면 게임 없는 진짜 관계를 맺을 수 있다고 한다.

게임은 사람들에게 불쾌한 감정을 주는 교류이며, 때로는 그 종말이 죽음을 초래하는 경우도 있다. 게임은 명료하고 예측 가능한 결과를 향해 진행해 가고 있는 일련의 '상보-이면' 교류다. 즉 숨겨진 동기를 수반하고 자주 반복적이며 표면상으로는 속임수를 내장한 일련의 흥정이다. 게임은 한 사람의 인간으로부터 현재적인 자극과 잠재적인 자극의 양쪽이 발전한다는 특수한 교류이며, 이와 같은 이면적 게임을 받는 상대는 그 게임의 결말에 반드시 불쾌한 감정을 경험하게 된다.

인간이 게임을 하는 이유는 스트로크를 얻기 위한 수단이고, 시간을 구조화하는 방법의 하나다. 게임은 각자의 기본적 감정을 지키기 위해 연출되고 자신의 기본적 태도에 만족하기 위해서도 게임을 연출한다. 게임의 결말에서 연출한 사람은 그 사람의 생활 자세(인생 태도)를 강화하고 또한 이를 증명하게 된다.

게임 분석(game analysis)은 이러한 파괴적이고 반복적인 행동의 패턴과 이의 결말을 분석하는 것으로 자아 상태와 관련된 교류의 형태를 탐구하는 것이다. 초기 인생 각본의 한 형태라고 할 수 있는 게임은 숨겨진 동기를 가진 일종의 암시적 교류다. 게임은 어린 시절에 형성된 초기 결정의 방식을 유지하고자 하는 교류의 한 유형으로서, 생활시간을 구조화하는 수단이 되며 애정이나 관심 등 스트로크를 받기 위한 암시적 수단이라고 볼 수 있다.

번은 모든 게임은 '속임수(con) + 약점(gimmick) = 반응(response) → 전환(switch) → 혼란(crossup) → 결말(payoff)'의 6단계를 거쳐 진행된다고 소개하면서 이를 게임 공식(game formula)이라고 지칭하였다. 17p

09 오직 연결하라 : E. M. 포스터의 소설 『하워즈 엔드(Howards End)』(1910)의 속표지에는 '오직 연결하라(Only Connect)'라는 글귀가 적혀 있다. 여기에 이 소설의 주제가 압축되어 있는데, 작가는 성격

과 출신이 다르고, 세속주의와 이상주의라는 상치될 수밖에 없는 현대 사회의 가치관을 가진 두 집안, 즉 식민지 아프리카에서 부를 축적했지만 허영에 매몰된 산업 자본가를 대변하는 윌콕스 가문과 약자를 향한 연민을 지니고 진보적인 중산층을 대변하는 슐레겔 가문의 대립 속에서 개인적 신념이나 고집으로 인해 겪게 되는 남녀 간의 갈등과 화해를 정교한 필치로 그려냈다.

이 소설은 현대인이 분리감을 겪고 있다고 전제한다. 서로에게 마땅히 필요함을 뜻하는 사회적 유기성을 애써 부인하고 있는 현대 인들을 향해 그들 자신이 이미 세상 누군가와 연결되어 있음을 자각하라고 촉구한다. 그러면서 '나'로부터 타인에게, 혹은 타인으로부터 '나'에게 유전되는 소중한 가치들을 받아들이자고 역설한다. 이 소설을 원작으로 한 영화『하워즈 엔드』가 한 세기 가까이 지난 1992년 제작, 개봉되었고, 그 뒤 디지털 리마스터링 작업을 거쳐 2020년 재개봉되었다. 18p

10 긱 이코노미(gig economy) : 임시직을 선호하는 경제 현상(임시직 경제). 'gig'은 '대중 음악가나 코미디언의 공연' 또는 '임시로 하는 일'을 뜻하는 말로, 1920년대 미국 재즈 클럽이 섭외한 단기 연주자를 'gig'이라 부른 데서 유래되었다. 임시직 경제가 만들어 낸 단기 일자리는 흔히 '긱 잡(gig job)'이라고 부른다. 18p

11 거인의 어깨에 올라서면 : '거인의 어깨 위에 올라선다'는 말은 그들이 쌓아온 통찰과 지혜를 습득하고, 그들과 같은 눈높이로 세상을 바라본다는 뜻이다. 아이작 뉴턴Isaac Newton은 로버트 훅에게 보낸

편지에 "내가 다른 사람보다 더 멀리 앞을 내다볼 수 있었다면, 그것은 거인의 어깨를 딛고 서 있기 때문입니다.(If I have seen further it is by standing on the shoulders of giants.)"라고 쓴 적이 있다. [19p]

12 **장뇌 축 이론** : 장뇌 축(gut-brain axis), 즉 장(腸)과 뇌 사이에 신호 전달 경로가 존재한다는 이론. 장은 인체 내에서 가장 큰 세균 저장소다. 한마디로 인간과 장 세균은 서로 의존하는 관계다. 장 세균은 숙주인 인간에 기생하면서 소화 작용 등을 돕는다. 장뇌 축 이론은 이런 상호 의존 관계가 훨씬 더 깊다고 주장한다. 얼마 전까지는 과학자들이 이 이론을 입증할 만큼 명백한 근거를 제시하지 못했지만, 최근(2022년) 프랑스 파스퇴르연구소 과학자들 중심의 한 연구에서 뇌와 장 미생물 사이의 신호 교환 메커니즘을 밝혀냈다.

사이언스(Science)지에 실린 이 연구 논문에 따르면, 장내 미생물 생태계에 변화가 생기면 뇌의 시상하부 뉴런이 곧바로 이를 감지해 식욕과 체온 등을 조절한다. 즉 장의 미생물(gut microbiota) 세포에서 떨어진 부산물인 펩티도글리칸이 혈액을 타고 순환하면서 뇌의 시상하부 뉴런을 자극해 면역, 물질대사, 뇌 기능 등을 조절하게 된다는 것이다. 이 연구 결과를 바탕으로, 뇌 과학, 면역학, 미생물학 등 여러 분야의 학제 간 연구가 충실히 진행되면 뇌 질환, 당뇨병, 비만 등의 새로운 치료법이 개발될 것으로 과학자들은 기대하고 있다. [20p]

13 **진화 심리학**(Evolutionary psychology, EP) : 진화심리학은 인간을 포함한 동물(유기체)의 심리를 생태학적이고 진화학적인 관점에서

이해하려는 학문이다. 진화 심리학은 신경계를 가지고 있는 동물에는 모두 적용할 수 있지만, 주로 인간의 심리를 연구한다. 특히, 진화 심리학은 두뇌가 많은 기능적 메커니즘을 포함한다고 주장하는데, 이 메커니즘들은 자연선택에 의해 진화된 심리학적 적응 혹은 진화된 심리학적 기작(공무 합체 Psychological Mechanisms, EPMs)라고 불린다. EPMs의 대표적인 사례는 시각, 청각, 기억, 운동 제어 등이다. 이보다 논란이 되는 사례들은 근친상간을 피하는 기작, 사기꾼 탐기 기작, 그리고 성에 따른 짝짓기 선호와 전략, 그리고 공간 인지 등에 관한 것이다. 대부분의 진화 심리학자들은 EPMs가 성차나 연령에 따른 차이를 제외하고는 한 종에 있어서 보편적이라고 주장한다. 20p

14 새로운 지평을 연다 : 사물의 전망이나 가능성 따위를 비유적으로 이르는 말. 21p

15 메타 기술 : '메타(meta-)'는 '가공의', '추상의'의 뜻을 지닌 그리스어 '메타'에서 온 말로, '더 높은', '초월한' 등의 뜻을 지닌 말이다. '메타 기술'은 메타버스(metaverse ; 가상현실), 암호 화폐 등의 NFT(non-fungible token ; 대체 불가능한 토큰) 관련 기술과 같은 차세대 첨단 기술을 일컫는다. 22p

16 심성 모형 : 세상에서 일어날 수 있는 사건이나 상황을 묘사하는 마음의 표상. 마음속으로 만들어 내는 현실 세계의 표상은 세상을 이해할 수 있게 해 주는 동시에 인간의 행동 방식을 결정한다. 하버드

대의 신경과학자 제레드 쿠니 호바스Jared Cooney Horvath는 그의 저서 『어떻게 생각하고 배우고 기억하는가』에서, 뇌는 우리의 경험을 바탕으로 공간, 시각, 미각, 촉각, 원인과 결과 등을 나타내는 표상을 만들어 내는데, 우리는 이 심성 모형을 통해 주변에서 일어나는 일을 예측하고, 그 예측이 맞을 때마다 이 심성 모형이 더욱 강화된다고 하였다. 그리고 세상은 끊임없이 변화하고 있는 만큼, 정확한 예측을 위해서는 심성 모형을 꾸준히 업그레이드해야 한다고 하였다.

사람들은 대체로 단순한 사실에 대한 오류는 잘 받아들이지만 개인적 정체성을 위협된다고 생각되는 오류는 인정하지 않고 오히려 기존의 생각을 더욱더 강화하려는 경향이 있는데, 현실과 예측(심성 모형)이 일치하지 않는 오류가 발생했을 때 그 오류를 신속하게 인정하고 개선하려는(심성 모형을 업그레이드하려는) 행동을 취하는 순간 우리는 발전할 수 있다는 것이다. 25p

17 늦깎이 천재들의 비밀 : 이 책은 인간의 학습과 성취에 관한 비범한 해석으로 미국 출판계에서 뜨거운 조명을 받고 있는 논픽션 작가이자 저널리스트인 데이비드 엡스타인이 전문화된 세상에서 늦깎이 제너럴리스트가 성공하는 이유를 다룬 책이다. '늦다'는 말은 흔히 성공과는 거리가 먼 부정적인 의미로 여겨져 왔다. 시험 삼아 이런저런 것을 시도하거나 지체한다면, 일찌감치 시작한 사람들을 결코 따라잡지 못할 것이라는 믿음이 우리 문화에 깊숙이 자리 잡고 있다.

그러나 엡스타인은 이 책에서 '늦음'의 의미를 뒤집는다. 늦는다는 건 단단해지고 있다는 뜻이고, 경험의 폭을 넓히는 중이라는 뜻이다. 엡스타인은 비능률을 함양하라고 요청한다.

'실패하라. 시험에 떨어지는 것이야말로 무언가를 배우는 가장 좋은 방법이다. 이것저것 시도했다가 그만두는 행동이 때론 가장 성공한 경력으로 이어진다. 세상에 가장 큰 영향을 미친 발명가들은 외길 전문가가 아니라, 여러 분야를 고루 경험한 늦깎이들이다.'

그런 의미에서 이 책은 인생의 전환기를 겪는 독자들에게도 의미를 지닌다. 직업 군인으로 살다가 뒤늦게 공부를 시작하려는 이들, 조기 퇴직하고 새 직업을 고민하는 이들, 일찍 진로를 정해서 잘 사는 듯 보이는 또래들을 보면서 '나는 이미 늦었구나.'라고 생각하는 이들, 아직도 인생의 갈피를 못 잡는 모두에게 이 책은 희망을 준다. 그런 삶이야말로 올바른 것이라고 말이다.

엡스타인은 결론에서 이 책의 핵심을 강조한다. "더 젊은 남들과 비교하지 말고, 오늘의 자신을 어제의 자신과 비교하라. 사람은 저마다 발전 속도가 다르다. 그러니 누군가를 보면서 자신이 뒤처져 있다는 느낌을 받지 말기를." 26p

18 메디치 효과 : 메디치 효과란 전혀 다른 분야의 결합이 획기적인 아이디어를 만들어 내거나 뛰어난 생산성을 가져오는 현상을 말한다. 즉 다양한 분야의 사람들이 만나는 교차점에서 서로 다른 지식과 생각이 재결합돼 혁신적인 아이디어가 폭발적으로 증가하는 현상이 메디치 효과이다. '메디치 효과'는 프란스 요한슨Frans Johansson

이 쓴 책 『메디치 효과』(2004)에서 처음 소개됐다.

메디치 효과는 15세기 중세 이탈리아 피렌체 메디치 가문에서 유래했다. 메디치 가문은 문화, 철학, 과학 등 여러 분야 전문가들이 함께 소통할 수 있도록 지원을 아끼지 않았다. 메디치 가문에 의해 모인 예술가, 철학자, 과학자들은 각자 전문 분야의 벽을 허물고 서로의 재능을 융합해 큰 시너지를 냈다. 이탈리아가 르네상스 시대를 맞이하고 '다빈치', '미켈란젤로'와 같은 뛰어난 예술가들을 배출한 것도 메디치 가문 덕분이다.

최근에는 4차 산업 혁명을 비롯한 혁신 기술이 주목을 받으면서 메디치 효과가 다시금 거론되고 있다. 기존 가치와 산업에 빅 데이터나 인공 지능 등의 신기술을 접목해 새로운 비즈니스를 창출해야 한다는 것이다. 세계 최대 정보 통신 기술 전시회로 자리 잡은 CES(Consumer Electronics Show)가 대표적이다. 소비자 가전 박람회에 불과했던 CES는 지금은 제조, 유통, 농업 등 전 산업에 걸친 혁신 제품의 경연장으로 자리매김했다. 구글 등의 글로벌 기업들이 철학과 문화인류학, 생물학 등 IT와 직접적인 연관이 없어 보이는 분야의 전공자들을 대거 채용하는 것도 메디치 효과의 영향이 크다. 27p

19 메디치 가문 : 메디치(Medici) 가문은 13세기부터 17세기까지 피렌체에서 강력한 영향력이 있었던 가문이다. 메디치 가문은 네 명의 교황(레오 10세, 클레멘스 7세, 비오 4세, 레오 11세)과 피렌체의 통치자를 배출하였다. 그 가운데서도 위대한 로렌초는 르네상스 예술의

후원자로 가장 유명하다. 나중에는 혼인을 통해 프랑스와 영국 왕실의 일원까지 되었다. 다른 귀족 가문들처럼 그들도 피렌체 정부를 지배하였다. 메디치 가문은 자신들의 권력 아래 피렌체를 두었으며, 예술과 인문주의가 융성한 환경으로 만들었다. 밀라노의 비스콘티와 스포르차, 페라라의 에스테, 만토바의 곤차 가문 등 다른 위대한 귀족 가문과 더불어 이탈리아 르네상스의 탄생과 발전을 이끌어 내는 큰 역할을 하였다. 27p

20 니즈 : 니드(need) 또는 니즈(needs)는 생명체가 건강한 삶을 사는 데 필수적인 것이다. '원츠'(wants, 원하는 것)와는 구별된다.

부족이 발생하게 되면 분명한 부정적인 결과를 도출한다.(기능 장애 또는 사망) 즉 니즈는 안전하고 안정적이고 건강한 삶에 필요한 것이다.(예 : 공기, 물, 음식, 땅, 대피소) 니즈나 원츠가 구매력의 도움을 받을 때 경제적 수요가 될 만한 잠재력이 있다고 할 수 있다. 사람들은 소유물, 존경, 자아실현의 더 높은 우선순위의 니즈가 유의미하게 되기 전 자신들의 자원 대부분(시간, 에너지, 재정)을 이러한 기초적인 것들의 충족을 시도하는 데 소비하는 경향이 있다. 27p

21 브라이언 우지Brian Uzzi : 리차드 L. 노스웨스턴대학교 켈로그 경영대학원 리더십 교수. 또한 Northwestern Institute on Complex Systems(NICO)의 공동 소장을 맡고 있으며, 사회학 및 McCormick School of Engineering에서 교수로 재직하고 있다. 그는 INSEAD, Chicago, Harvard 및 Berkeley의 학부를 다녔거나 방문했다. 사회, 물리, 컴퓨터 과학 분야에서 16개의 교수상과 15개

의 과학 연구상을 받았다. ^{29p}

22 아인슈텔룽 효과 : 아인슈텔룽은 기계화된 정신 상태 발달을 말한다. 'Einstellung'은 독일어로 '배경' 혹은 '설치', 개인의 '태도' 등을 의미한다. 문제 해결 세트로도 불리는 아인슈텔룽은, 더 좋거나 적절한 문제 해결 방식이 존재함에도 특정 방식으로 문제를 해결하려는 소인(predisposition)을 의미한다. 독일어로 과업(task)을 뜻하는 'Aufgabe'라는 것은 아인슈텔룽과 연관 있다. Aufgabe는 아인슈텔룽 효과를 환기시킬 수 있는 상황을 말한다. 이는 이전에 적용 가능했던 행동을 수행하려 하는 경향을 만드는 일이다.

과거에 경험하였던 문제들과 유사한 문제나 상황이 주어질 때 아인슈텔룽 효과는 발생한다. 문제나 상황에 대한 해결책이나 적절한 행동이 과거 문제마다 모두 같았다면, 더 적절한 반응이 가능할지라도 문제에 대해 너무 많은 생각을 하지 않고 같은 반응을 제시할 가능성이 높다.

근본적으로 아인슈텔룽 효과는 가급적 최적의 해결책이나 행동을 찾는 두뇌의 방식 중 하나이다. 그러나 해결 방안을 잘 찾더라도 해결 방안 자체는 효과가 없다는 것이다. ^{31p}

23 물병 실험 : 1942년 에이브러햄 루친스Abraham S. Luchins의 고전 실험에서 처음 언급된 물병 실험은 아인슈텔룽 상황을 보여 주는 유명한 사례이다. 실험 참가자들은 다음 문제들이 주어진다. '물병 3개가 있고 각각의 물병은 용량이 다르다. 물병들을 이용하여 물의 양을 측정하는 방법을 알아내라.' 보다 빠르고 효과적인 방법이 있

음에도 참가자들은 이전에 사용했던 방식을 사용하였다.

실험은 멘탈 셋(mental set)이 새로운 문제를 해결하는 데 방해가 될 수 있다는 것에 초점을 맞추고 있다. 루친스 실험에서 피실험자들은 두 그룹으로 나뉘었다. 실험군에게는 5개의 연습 문제가 주어지고 이어서 4개의 주요 검증 문제가 주어졌다. 대조군은 5개의 연습 문제가 주어지지 않았다. 모든 연습 문제와 일부 주요 문제는 단 하나의 해결책이 있었는데 그것은 'B-A-2C'였다. 예를 들어, A병은 21단위의 병, B병은 127단위의 병, C병은 3단위의 병이다. 100단위의 물을 측정하려면, B병에 물을 채운 후, 이 물을 A병에 한 번, C병에 두 번 부으면 된다.(127-21-2*3)

주요 문제 중 하나는 소멸 문제이다. 소멸 문제는 이전 문제 해결안인 'B-A-2C'로 해결될 수 없다. 소멸 문제를 정확하게 풀기 위해서는 직접 문제를 해결하여 새로운 해결책을 만들어 내야 한다. 소멸 문제에 대한 틀린 해결책은 아인슈텔룽 효과가 있다는 것을 의미한다.

소멸 문제 이후의 문제들은 2개의 해결책이 있었다. 이러한 후소멸 문제들은 피실험자가 아인슈텔룽 효과로부터 벗어나는 데 도움이 된다. 주요 문제들은 이 해결책을 이용하여 풀리거나('B-A-2C') 더욱 간략한 해결책(A-C 혹은 A+C)으로 풀릴 수 있다. 예를 들어, 피실험자들은 15, 39, 3단위의 A, B, C 세 병을 가지고 18단위의 물을 측정하도록 지시를 받았다. 간단한 해결책(A+C)이 있었음에도 실험군의 피실험자들은 장황한 해결책을 내려고 하였다. 즉 A와 C에 채운 물을 더하기만 하면 될 것을 이들은 대부분 B에 물을 채우고 A에 따라 부은 후 다시 C에 두 번 따라 붓는 이전 방식(B-A-2C)을 택하였다. 반면 대조군 거의 대부분은 간단한 해결책을 택하였다. 그러나 루친스 부부가 실험군에게 '현혹되지 마세요.'라는 경고를 주었을 때, 피실험자 절반 이상은 남아 있는 문제에 대해 가장 간단한 해결책을 사용하였다.

이 경고는 실험군의 아인슈텔룽 효과가 우세한 상황을 완화한 것이다. 물병 실험의 결과는 아인슈텔룽의 개념을 설명해 준다. 실험 대상자 대다수는 기계화된 정신 상태를 사용하여 이전 경험으로 얻어진 멘탈 셋에 의존하였던 것이다. 그러나 실험 대상자들은 이전과 같은 해결책을 사용하지 않고 문제에 직면하여 직접적인 해결책을 사용할 경우 더욱 성과가 높았다. 32p

24 …이를 보지 못했다. : 한 대상이나 물건에 대하여 기존에 사용해 오던 방식으로만 사용하도록 한정시키는 인지 편향을 기능적 고착(Functional fixedness)이라고 한다. 칼 던커Karl Duncker는 문제 해결에 필요한 새로운 방식을 이용하여 물체나 대상을 사용하는 것에 대한 정신적 장벽으로서 기능적 고착을 정의하였다. 이러한 장벽은 한 개인이 과제 해결에 있어 자신에게 주어진 구성 요소들을 사용하는 능력을 제한하게 된다. 주어진 구성 요소들이 가지고 있는 본래 목적 이상으로 나아가거나 사고할 수 없기 때문이다.

예를 들어, 문서가 날리지 않도록 눌러 주는 서진(書鎭)이 필요한 상황에서 망치만 있는 경우, 망치를 서진으로 사용할 수 있다는 사실을 간과한다. 이때 기능적 고착이란 망치를 못 박는 것 이외에 다른 용도로 바라볼 줄 아는 능력이 결여된 것을 말한다. 즉 망치를 기존의 기능 이외에 다른 방식으로 사용할 줄 몰랐던 것이다. 33p

25 호기심 : 에디슨, 아인슈타인, 제프 베조스 등 많은 위인들이 어린 시절에 호기심이 많았다는 것은 이미 알려진 사실이다. 호기심은 인생을 살아가는 데 있어서 정말 중요하다. 어린 시절의 호기심은 꿈을 키우고 그 꿈을 실현시킬 수 있는 원동력이 되기 때문이다.

어린아이들은 호기심이 많다. 5~6세가 되면 모든 게 궁금해진다. 아이들은 부모에게 끝도 없이 질문한다. 하지만 부모들의 인내심은 금세 한계를 느끼기 마련이다. 아이들의 호기심 가득한 질문에 답해 주거나, 더욱 사고를 촉진하는 질문으로 대화를 이어가기에는 어른들의 삶이 너무나도 고달프고, 바쁘고, 할 일도 많기 때문이다. 하지만 아이가 훗날 위대한 인물로 성장할 수 있게 하고 싶다면 아이들의 호기심을 충족시키고, 자극하는 일을 게을리해서는 안 된다.

시중에는 아이들이 호기심을 키우는 데 도움을 줄 수 있는 책들이 적지 않다. 알렉상드라 파스테리스의 『못 말리는 호기심 사전』, 사무엘 모르스의 『호기심 많은 아이(위인들의 어린 시절)』, 루카 노벨리의 『아인슈타인, 호기심은 나의 힘』 등의 책을 호기심 많은 우리 아이 손에 들려 주자. 지금은 몇 푼 안 되는 이 투자로 우리의 아이가 세상에 우뚝 설 수 있는 힘을 갖게 되기를 바라면서. 39p

26 …마음가짐과 태도이다. : 창업 강좌를 수강한 대학생들을 대상으로 한 국내의 한 연구에 따르면, 개인의 창의성과 자기 효능감이 창업 의지와 성공에 커다란 영향을 미치는 것으로 나타났다. 자기 효능감(self-efficacy)이란 캐나다의 심리학자 알버트 반두라Albert Bandura에 의해 소개된 개념으로, 어떤 문제를 자신의 능력으로 성공적으로 해결할 수 있다는 자기 자신에 대한 신념이나 기대감을 뜻하는 심리학 용어이다. 자신감과 비슷하지만 개인적인 능력에 대한 믿음과 더욱 깊은 관련이 있다. 자기 효능감이 높은 사람은 도전적인 과제가 주어졌을 때 쉽게 포기하지 않고 더 많은 노력을 기울인다. 또한 당면한 과제에 대한 집중과 지속성을 통해 성취 수준을 높여 나간다. 그리고 긍정적인 셀프 이미지(self-image)를 형성해 나간다. 42p

27 …알아야 한다는 것이다. : '부처를 만나면 부처를 죽이라[살불살조 (殺佛殺祖)].'라는 말이 있다. 중국 당나라 말기 고승 임제(臨濟) 의현 (義玄)이 남긴 법어(法語)인데, 자신이 절대적으로 믿는 대상을 극복해야만 진정한 깨달음을 얻을 수 있다는 가르침이다.

　　관행을 따르기만 해서는 결코 1등이 될 수 없다. 과거의 방식에서 벗어나 자기만의 방식을 얻어 내야만 창의적인 혁신가가 될 수 있음을 명심해야 한다. 43p

28 확고한 자아 : 확고한 자아, 즉 자아 정체감은 성장기인 청소년기에 주로 확립된다. 청소년기가 신체적, 성적, 인지적, 정서적으로 급격한 변화가 일어나는 시기임을 고려할 때, 이러한 변화에 적절히 대

처하기 위한 자아 정체감의 확립이야말로 청소년기의 가장 중요한 발달 과업이라고 하지 않을 수 없다. 발달기의 자아 정체감 확립에 관한 많은 연구에 따르면, 자아 정체감 발달에 긍정적인 영향을 미치는 요인으로 다음과 같은 것을 들 수 있다.

첫째, 어른들이 아이에게 일관성 있게 요구하고 한계를 설정하는 것이다. 요구에 일관성이 결여될 경우, 아동은 스스로의 행동 결과를 부적절하게 여기고 자아 정체감 발달에 손상을 입기 쉽다. 또한 아이가 행동의 일관성을 찾기까지는 시간이 필요한데, 이 시기에 어른들은 아이가 막무가내로 떼를 쓰거나 집안의 작은 폭군으로 자라지 않도록 일관된 한계를 그어 줄 필요가 있다.

둘째, 자녀들의 자율성을 보장해 주는 것이다. 어떤 부모들은 아이들을 지나치게 통제한다. 끊임없이 아이의 일거수일투족을 관찰하고, 매사를 지도 감독하며, 이를 아이에 대한 애정 어린 관심이라고 잘못 생각한다. 그러나 부모의 이러한 통제와 간섭은 아이의 자아 정체성을 해치는 요인이 될 뿐이다. 그렇다고 아이의 자율성을 보장해 준다고 지나치게 아이를 위해 주는 것도 문제가 된다. 아이가 바라는 것을 모두 들어 주게 되면 아이는 의존성을 갖게 되며 독자적인 자기 의견을 갖지 못하게 되기 쉽다.

셋째, 부모가 완벽주의와 비판적 성향을 버리는 것이다. 완벽을 추구하는 부모들은 아이의 긍정적인 성과를 간과하고 부족한 점에 지나치게 초점을 맞추기 때문에 칭찬에 인색하고 비판에 익숙한 경향이 있다. 하지만 완벽을 추구하고 비판적인 부모의 태도는 오히려 아이의 자아 정체감을 낮추는 지름길이 될 뿐이다. 작은 일에도 기뻐하고 많이 칭찬해 주는 것이 아이에게는 최고의 선물이 된다.

넷째, 가정 내의 민주적인 양육 방식과 의사소통이 중요하다. 권위주의적인 부모가 신체적 폭력에 기대어 아이를 양육하게 되면 아이는 주변에서 벌어지는 일들이 외부에 의해 통제된다는 경험을 하게 되어 무력감을 느끼며, 자신을 지지해 줄 수 있는 가장 중요한 원천을 상실하게 됨으로써 자아 정체감 발달이 저해된다. 또한 가족 간 의사소통이 잘 이루어지지 않으면 아이는 긍정적 자아 정체감을 형성하기 어렵게 된다.

다섯째, 학교 및 또래 관계이다. 학교는 아이의 자아 정체감 발달에 있어서 가정에 이어 두 번째로 중요한 사회 환경이다. 학교를 중심으로 한 또래 관계는 아이의 자기 행동에 관한 귀중한 정보를 담고 있으며, 또래 집단의 평가는 자아 정체감 형성에 결정적인 영향을 미친다.

여섯째, 다양한 체험 활동을 하는 것이다. 스포츠 활동, 자원봉사 활동, 동아리 활동, 여행, 독서 등 다양한 종류의 활동에 참여하면서 대인 관계를 양적, 질적으로 확대해 나가다 보면 아이 스스로가 긍정적으로 자아 정체감을 형성해 나갈 수 있다. 43p

29 굳은 의지 : 심리학에서는 의지를 선택이나 행위의 결정에 대한 내적이고 개인적인 역량이라고 보고, 철학에서는 의지를 어떠한 목적을 실현하기 위하여 자발적으로 의식적인 행동을 하게 하는 내적 욕구라고 본다. 어떤 해석이든 의지란 어떤 일을 이루고자 하는 마음가짐인 만큼 의지라는 것은 일종의 자기 최면이라 할 수 있다. 타

고난 의지박약에는 백약이 무효하다고는 하지만, 사실 의지는 정신력이 아니라 습관에 가깝다. 따라서 의식적으로 노력하면 얼마든지 의지력을 높일 수 있다.

미국의 철학자이자 시인 헨리 데이비드 소로Henry David Thoreau 가 "인간에게는 의식적인 노력으로 자신의 삶을 높일 능력이 분명히 있다는 것보다 더 용기를 주는 사실은 없다.(I know of no more encouraging fact than the unquestioned ability of a man to elevate his life by conscious endeavor.)"라고 말한 것을 명심할 필요가 있다. 43p

30 성 정체성 : 생물학적 성(sex)의 구별과는 별도로, 한 개인이 스스로 자신을 남성 혹은 여성으로 느끼는 내적 느낌이 반영된 심리적 상태. 성 정체성은 생물학적 성을 지칭하는 범주가 아니라 자신이 어떤 성별에 속하는지에 관한 정신적, 심리적 의미를 지닌 범주로, 한 개인이 성장하는 동안 자신이 여성인지 남성인지 인식하는 사회문화적 개념인 동시에 개인적 의미다.

성 정체성은 해부학적인 생물로서의 성과 개인이 소속된 문화권 내의 여성 및 남성에게 기대하는 가치관이라 할 수 있는 정신적인 성을 포함하고 있다. 3세경부터 성별에 대한 인식이 시작되는 인간은 자신이 속한다고 인식된 성별에 따라 그 집단이 지닌 특성, 행동, 태도 등을 학습하고, 4, 5세에 이르면 성적 정체성이 확립된다. 이러한 성적 정체성은 의복, 머리 모양, 장난감, 언어, 태도와 같은 신체 혹은 외부적 요인의 특성에 영향을 받아서 형성되는데, 여기에는 생물학적인 요인도 포함되지만, 그 사회의 성 역할에 대한 고정 관념과 같은 사회적 요인도 포함이 된다. 특히 부모의 기대에 따른 성 역할관은 자녀의 성 정체성 확립에 지대한 영향을 미친다.

성 역할이란 성적 정체성에 관한 내적 표현이 외적으로 나타나는 행동 양식이다. 4, 5세경에 일단 자리를 잡은 성 정체성은 사춘기에 들어서면서 2차 성징이 나타나고 생물학적으로 성숙한 여성 혹은 남성으로서의 자각이 필연적으로 일어나며, 이때부터 안정성이 흔들릴 수 있다. 대개는 생물학적 성과 성적 역할이 일치하지만, 그렇지 않은 경우 자신의 성 정체성 혼란 때문에 성 전환, 성 도착 등 여러 문제가 생길 수 있다.

개인이 속한 사회의 기대에 따른 성 역할에서 요구하는 행동이나 태도의 규범을 수용하기 어려운 경우도 있다. 특히 사회 규범의 구속력이 점점 약화되어 가는 현대에서는 개인의 자유로운 인권이 더욱 강화되면서 성 정체성의 고정적인 확립은 여러 가지 부정적인 결과를 초래하기도 한다. 44p

31 성적 지향 : 성적 지향은 이성, 동성에게 혹은 하나의 성에 구애받지 않고 감정적, 호의적, 성적으로 깊이 끌릴 수 있고 친밀하고 성적인 관계를 맺을 수 있는 개개인의 가능성을 의미한다. 미국 심리협회(American Psychological Association)에 따르면, 성적 지향은 한 개인에 대해서 느끼는 매력, 그러한 매력들을 표현하는 행위, 그러한 매력에 대한 표현을 나누는 사람들 간의 공동체 사이의 성격적, 사회적 정체성에 대한 이해다.

성적 지향이 사람마다 달라지는 원인을 한마디로 말하기는 어렵고, 유전, 호르몬, 환경적 영향 등의 복합적인 문제로 본다. 대개 이성애가 보편적이다. 성적 지향에 대해서는 주로 생리학, 심리학, 성과학, 인류학, 역사학 등에서 다룬다. 성적 지향은 개인이 자신을 어떤 성으로 인식하느냐 하는 성 정체성과는 구분된다. 성적 지향은 자신이 아니라 매력을 느끼는 상대에 따라 결정되기 때문이다. 성적 지향이라는 용어는 동성애, 이성애, 양성애 등의 차별을 금하는 법률에서 주로 사용한다. 44p

32 규정하는 딱지 : 어떤 사물에 대한 평가나 인정. 주로 사회적 편견이나 고정 관념, 잘못된 통념 등을 일컫는다. 44p

33 R&B : R&B는 리듬 앤드 블루스(Rhythm&Blues)의 약칭이다. 1940년대 말 미국 내 흑인들이 부르던 블루스와 가스펠 음악에 스윙이 더해지면서 시작됐다. 이 장르는 기존의 블루스나 스윙과는 달랐고, 1949년 빌보드는 리듬 앤드 블루스 차트를 만들며 그 독자성을 인정해 주었다. 1950년대 들어서며 알앤비는 로큰롤, 펑크(funk) 등과 엮이며 영역을 더 확대해 나갔다. 기존의 블루스와 가스펠이 신에 대한 축복과 고단한 삶에 대한 이야기가 주를 이루었다면 알앤비는 남녀 간의 통속적인 이야기도 자주 다루었다. 그루브(리듬감)가 강조된 연주에 보컬과 연주 모두 자율성이 강하다. 45p

34 자기실현적 예언 : 자기실현적 예언(self-fulfiling prophecy)이란 사회 심리학적 현상의 하나로, 누군가 어떠한 일이 발생한다고 예측

하거나 기대하는 것인데, 이러한 예측 혹은 기대가 실현되는 것은 순전히 자신이 그렇게 될 것이라고 믿고서, 행동을 믿음에 따라 맞춰 가기 때문이다. 이는 사람의 믿음이 행동에 영향을 준다는 것을 보여 준다.

현상의 원리는 사람이 사람이나 사건에 대하여 자신이 이전에 가지고 있던 지식을 바탕으로 결과를 창출해 낸다는 것이다. 또한 자기실현적 예언은 부정적 결과와 긍정적 결과에 모두 적용할 수 있다. 미국 사회학자 윌리엄 아이작 토마스William Issac Thomas는 이 현상을 처음 발견하고, 모종의 상황을 현실로 규정하면, 결과에서도 이러한 상황은 현실이 된다는 토마스 정리를 주창하였다. 이어 미국의 사회학자 로버트 머튼Robert K. Merton이 토마스의 이론을 활용하여 '자기 충족적 예언'이라는 용어를 만들고, 정확하든 부정확하든 믿음이나 기대는 바라거나 기대한 결과를 가져다준다는 이론을 대중화하였다. 45p

35 실험 정신 : 새로운 방법이나 형식을 추구하려는 정신. 2020년 타계하기 전까지 반세기 동안 500편이 넘는 영화의 음악을 만들었던 영화 음악계의 거장 엔니오 모리코네는 "곡을 쓸 때 나는 쓰는 기쁨이 필요해요. 소극적으로 있고 싶지 않고 내가 작곡한 것에 계속 주의를 기울이려고 해요. 나 자신이 뭘 했는지 알아야 하는 거예요. 실험이라고 말하죠."라고 자신의 꾸준한 창작의 원동력으로 실험 정신을 꼽았다. 그에게 실험 정신은 예술가로서의 신념이었을 뿐 아니라 창작자로서의 지혜였다. 그는 과거의 성공에 안주하

지 않았고, 늘 새로운 것을 시도했으며, 그런 시도에서 창작의 기쁨을 얻었다. 48p

36 **회복 탄력성** : 심각한 삶의 국면에서 좌절하지 않고 기존보다 더 나은 방식으로 재기할 수 있는 가능성을 뜻한다. 회복 탄력성은 크고 작은 다양한 역경과 시련과 실패에 대한 인식을 도약의 발판으로 삼아 더 높이 뛰어오르는 마음의 근력을 의미한다고 할 수 있다. 물체마다 탄성이 다르듯이 사람에 따라 탄성이 다르다. 역경으로 인해 밑바닥까지 떨어졌다가도 강한 회복 탄력성으로 되튀어 오르는 사람들은 대부분의 경우 원래 있었던 위치보다 더 높은 곳까지 올라갈 수 있다. 지속적인 발전을 이루거나 커다란 성취를 이루어 낸 개인이나 조직은 대부분의 경우에서 실패나 역경을 딛고 일어섰다는 점에서 공통적이다.

어떤 불행한 사건이나 역경에 대해 어떠한 의미를 어떻게 부여하고 인식하느냐에 따라 불행하거나 행복해지는 갈림길에 서게 된다고 생각해 볼 수도 있다. 세상일을 긍정적 방식으로 받아들이는 습관을 구축하면 상황을 부정적으로 인식하여 과소비되는 감정적 에너지를 문제 해결에 집중시켜 보다 유용하게 사용할 수 있다. 그 결과, 회복 탄력성은 크게 향상된다. 52p

37 **초심** : '초심(初心)'은 '처음에 먹은 마음'이라는 뜻이다. 일반적으로, 특정한 목적을 가지고 본격적으로 어떠한 일을 추진하기 시작했을 때, 맨 처음 그 일에 대해 지녔던 순수한 의도와 먹었던 마음가짐을 의미하는 말로 쓰인다. '초심'이란 말이 쓰이게 되는 경우는,

역설적으로 이것이 지켜지지 않고 현실의 벽과 여러 난관을 마주하면서 차츰 변해 가게 될 때이며, 그 변화가 긍정적이기보다는 부정적인 방향으로 흘러갈 때 주로 사용된다.

처음에는 열심히 하겠다는 마음가짐을 가지고 열정적으로 시작했으나, 시간이 가면서 마음가짐이 풀어질 경우, '초심을 잃었다'라는 말을 사용하거나 듣게 되곤 한다. 일반적으로 매너리즘에 빠질 경우 초심일 잃게 되는 경우가 많다. 숭고한 목표를 세우고 이에 노력하기를 수없이 다짐해도, 시간이 지나 이 행동이 반복될 경우 이것은 일상으로 인식된다. 반복되고 변함없는 일상은 매너리즘을 불러오고 이것이 초심을 잃게 하는 원인이 되는 것이다.

법정 스님은 '초심'에 대해 "모든 순간은 생애 단 한 번의 시간이며, 모든 만남은 생애 단 한 번의 인연이다."라며 일기일회(一期一會)를 말씀하셨다. 삶은 소유가 아니고 순간순간에 있고, 모든 것은 생애 단 한 번이며, 영원한 것은 아무것도 없는 만큼 순간순간 새롭게 피어나야 한다는 것이다. 54p

38 …속도를 늦추고 : 최복헌은 『여유 – 삶의 속도를 늦추는 느림의 미학』이란 책에서 "현대인에게 여유를 찾는 것은 삶의 과속 또는 지나친 저속 상태에서 벗어나 삶의 경제속도를 되찾는 일이다. 무작정 달리기만 하면 세상을 두루 볼 수 없으며 창의적으로 일할 수 없다. 여유란 일을 늦추고 일의 생산성을 저해하는 것이 아니라 일의 대한 생산성을 극대화하는 일이다."라고 하였다.

폴리매스가 되려면 창의적으로 생각할 수 있어야 하고, 창의적으로 생각하려면 초심을 가지고서 주변의 모든 것을 살필 수 있어야 하며, 그러기 위해서는 빨리빨리 문화에서 벗어나 삶의 속도를 늦추고서 여유롭게 행동하고 사고할 줄 알아야 한다. 56p

39 …믿음을 불어넣었다 : 조저 배니스터Roger Bannister는 1마일 달리기에서 마의 4분 벽을 깬 뒤 인터뷰에서 "지금 이런 나의 모습이 전혀 낯설지 않다. 나는 머릿속으로 이런 모습을 수도 없이 그려 봤다. 나의 즐거운 꿈이 지금의 나를 즐겁게 만든 것이다. 인간의 몸은 생리학자들보다 수백 년 앞서 있다. 생리학이 비록 호흡기와 심혈관계의 육체적 한계를 알려줄지는 모르지만, 승리냐 패배냐 경계 사선은 생리학 지식 밖의 정신적 요인들이 결정한다. 그것은 또 운동선수가 절대 한계까지 갈 수 있느냐 없느냐를 좌우한다."라고 말했다. 4분의 벽은 심리적 장벽이었을 뿐 육체적 방벽이 아니었다는 것을 배니스터는 스스로의 믿음, 스스로의 상상 훈련으로 입증해 보인 것이다.

김연아 선수는 2009년 국제빙상경기연맹 세계피겨선수권대회에서 역대 최고점인 207.71점을 받아 여자 피겨스케이팅 선수 최초로 마의 벽을 무너뜨린 뒤 "모든 선수와 심판들의 머릿속에 그어놓은 심리적 한계선을 넘었다는 데 큰 의미가 있습니다."라고 말했는데, 그러자 여자 피겨스케이팅에서도 많은 선수가 연달아 200점을 돌파하는 마법 같은 일이 벌어졌다.

육상 100m 달리기에서도 1983년 미국의 캘빈 스미스가 미국 올림픽 페스티벌에서 9.93초를 기록하여 인류 역사상 최초로

100m 달리기 10초의 벽을 허물었고, 그 뒤로 수많은 선수들이 9초대의 기록을 달성한 것도 그 '마(魔)의 벽'이란 육체적 한계가 아니라 인간이 스스로의 머릿속에 그어놓은 심리적 한계라는 점을 알게 해 준다.

마의 벽을 깨뜨린 사람을 뒤이어 마의 벽을 깨뜨렸던 사람들에게는 한 가지 공통점이 있다. 자신의 머릿속에 심어 놓은 심리적 한계, 즉 마의 벽이 다른 경쟁자에 의해 무너짐에 따라 자신도 그 선수처럼 못 할 이유가 없다는 생각을 가지게 된다. 그들은 "Why Not?", 즉 "그 사람이 했다면 나라고 왜 안 되겠는가?"라는 질문을 스스로에게 던진다. 그리고 자신도 똑같이 또는 더 훌륭하게 해낼 수 있다는 긍정적 사고방식을 형성한다. "Why Not?" 질문이 스스로 할 수 있다는 용기와 믿음을 가지게 하며, 자극과 동기 유발을 형성하여 의지력을 가지고 목적을 달성하게 만든 것이다.

폴리매스가 되기 위해서는 우리 내면에 자리 잡은 두려움과 고정 관념이 만들어 내는 심리적인 '마의 벽'을 깨뜨릴 수 있어야 한다. 그러기 위해서는 스스로에 대한 믿음과 그 믿음을 바탕으로 꾸준히 노력하는 자세를 가져야 한다는 것을 우리는 로저 배니스터로부터 배울 수 있다. 머릿속에서 할 수 없다고 생각하면 할 수 없게 되고, 반대로 할 수 있다고 믿고 행동하면 언젠가 할 수 있게 된다. 혁신은 자기 자신이 스스로 쳐 놓은 한계를 뛰어넘는 데서 오는 것임을 명심하자. 61p

40 …성공을 차지한다 : "전 세계에서 가장 많은 노벨상 수상자와 유명

기업인을 배출한 하버드에는 바로 이 순간에도 행동하는 지성인들이 저마다 인생 목표를 향해 열정을 불사르고 있다. 밥 먹듯이 수재라 불리는 그들도 그토록 처절하게 노력하고 있는데, 과연 당신은 지금 얼마나 치열하게 살아가고 있는가?" - 스웨이(斯衛), 『인생은 지름길이 없다』중에서 62p

41 명상록 : 170년과 180년 사이의 원정 기간에, 마르쿠스는 자신에 대한 자기 길잡이이자 자기 개선의 목적으로 그리스어로 『명상록』을 썼다. 스토아의 학도로서 로마 황제의 지위에 오른 마르쿠스 아우렐리우스는 원래 노예였던 스토아의 철학자 에픽테토스의 훈계를 명심하여 마음속까지 황제가 되지 않도록 항시 자신을 돌아보고, 로마에 있을 때나 게르만족을 치기 위해 진영에 나가 있을 때, 자계(自戒)의 말을 그리스어로 꾸준히 기록하였다.

여기에는, 모든 것이 끊임없이 변하고, 인생도 지나가는 사람처럼 일시적 머무름에 불과하여 우리를 지키고 인도하는 것은 오직 철학일 뿐, 그 철학이 인도하는 대로 자연의 본성에 알맞은 생활을 하는 것이 최선의 길이며 우리를 구제하는 길이라는 그의 신념을 역력하게 나타냈다. 대우주(大宇宙)와 그 속에 사는 소우주로서의 자기 자신을 견주는 것을 기본으로 하는 내면적 자기반성의 기록으로, 특히 죽음의 문제가 끊임없이 논해지며 또 세계[宇宙] 시민의 발상이 되풀이하여 강조되고 있다.

42 C++ : C언어를 확장한 객체 지향 프로그래밍 언어. AT&T 벨 연구소의 비야네 스트로스트럽B. Stroustrup이 1983년에 발표했다. C언어 규격을 완전히 만족하여 그 확장 버전(++는 C의 증분 연산자를 나타낸다)으로 설계되어 있다. C++의 프로세스계는 C의 사전 처리기로 개발되기도 하지만 C++ 컴파일러도 있다. 이 언어는 스몰토크만큼 객체 지향 언어는 아니지만 C언어와 호환성이 있기 때문에, 애플 컴퓨터 회사나 선마이크로시스템스사 등 많은 벤더들이 채택하고 있다. 76p

43 Python : 파이썬(Python)은 1991년 네덜란드계 프로그래머인 귀도 반 로섬Guido van Rossum이 발표한 고급 프로그래밍 언어로, 플랫폼에 독립적이며 인터프리터식, 객체 지향적, 동적 타이핑 대화형 언어이다. 파이썬이라는 이름은 귀도가 좋아하는 코미디인 〈Monty Python's Flying Circus〉에서 따온 것이다. 파이썬은 비영리의 파이썬 소프트웨어 재단이 관리하는 개방형, 공동체 기반 개발 모델을 가지고 있다. 76p

44 위키피디아 : 위키피디아는 위키(Wiki)와 엔사이클로피디아(encyclopedia, 백과사전)의 합성어로서, 누구든지 인터넷 사이트에 접속해서 직접 지식과 정보를 올릴 수 있으며 기존에 등록된 지식과 정

보를 수정·보완할 수 있는 새로운 형식의 백과사전이다. 위키피디아로 인해 백과사전의 내용을 담은 매체도 종이에서 인터넷으로 바뀌었을 뿐만 아니라, 집필 및 편집의 주체와 방식도 달라졌다.

즉 각계의 전문가와 백과사전 편찬자들이 저술, 편집한 것을 독자들이 구입해 읽는 과거의 방식이 아니라, 독자들이 직접 인터넷 사이트를 통해 자유롭게 저술, 편집하고 수정, 보완해 나가는 방식을 택하고 있는데, 이러한 방식은 집단 지성의 원리가 그 근거가 되고 있다. 77p

45 …것이 중요하다 : 능숙한 독자는 글 속의 내용들을 끊임없이 연결하면서 주제에 대해 이해한다. 그런데 특정 관계에 있는 두 개 이상의 글을 연결하고 융합하여 의미를 구성해 가면서 읽으면 이해의 폭도 달라지고 이해하는 의미도 달라질 수 있다. 따라서 하나의 글을 읽는 데 그치기보다는 주제나 내용 간의 관련성을 고려하여 여러 글을 읽고 그 내용들을 통합하는 것이 더 고차원적인 독서법이다.

IT 기술이 발달한 오늘날에는 전자적으로 링크된 하이퍼텍스트까지 찾아 읽는 것도 중요하다. 모티머 J. 애들러는 『독서의 기술』에서 독서의 수준을 다음의 4단계로 나누었다. 우선 기초 독서는 '이 문장은 무엇을 말하고 있는가?'를 이해하면서 읽는 것으로, 초보의 읽기 기술을 습득하기 위한 독서법이다.

다음으로 점검 독서는 시간 제약이 있을 때 목차나 개괄적인 내용을 통해 책 전체를 점검하듯 띄엄띄엄 읽어 내용의 대강을 파악하는 독서법이다. 그리고 분석 독서는 책을 꼼꼼히 읽으면서 분석·비평하고, 저자의 문제의식까지 읽어 내는 독서법이다.

마지막으로 신토피칼(syntopical) 독서는 관련성을 지닌 여러 책들을 읽고 분석하여 그 내용을 융합하고, 나아가 자신만의 생각을 바탕으로 새로운 주제를 찾아내는 적극적이고 능동적인 독서법이다. 애들러는 신토피칼 독서가 가장 수준이 높으며, 가장 많은 보답을 받을 수 있는 독서 기술이라면서, 대학생이라면 모름지기 이 독서법을 습득해야 한다고 권고한다.

독서를 할 때 책의 내용을 사실 그대로 자세하고 정확하게 읽어 이해력을 높이고, 글의 내용에 자기의 감정과 입장을 개입시켜 실감 나게 읽는 것도 중요하다. 보통은 이 사실적 독서와 감정 이입 독서에 만족한다.

하지만 여러 분야의 많은 인재들이 자기 재능의 원천의 하나로 이 신토피칼 독서법을 꼽는다는 점은 주목할 만하다. 그들은 평소 다양한 주제에 관심을 갖고, 연관된 여러 분야의 책을 폭넓게 찾아 읽고, 추리·상상하고, 자신의 관점을 세워 읽은 내용을 논리적으로 비판하며, 상상력과 창의력을 발휘하여 줄거리나 주제를 새롭게 변형·생성하는 일을 생활화해 왔다고 말한다.

실제로 신토피칼 독서법은 여러 분야에서 응용되고 있다. 가깝게는 복수의 텍스트를 제시하는 논술 문제를 해결할 때에도 이 독서법이 적용된다. 사회 문제를 다루거나 과학 기술을 연구할 때에도 마찬가지다. 최근 여러 분야와 주제에 대해 두루 잘 아는 폴리매스가 주목을 받는 것도 이와 무관하지 않다. 77p

46 우피치 미술관 : 우피치 미술관(Galleria degli Uffizi)은 이탈리아 토스카나 지방에 위치한 미술관이다. 피렌체 역사 지구에 있는 시뇨리아 광장에서 가까운 위치에 있다. 이탈리아에서 가장 중요한 박물관 중 하나이자 가장 큰 미술관 중 한 곳으로도 알려져 있다. 이탈리아 르네상스 시기의 뛰어난 작품들을 소장하고 있다. 지배 가문인 메디치 가문의 몰락 이후, 그들의 미술품 컬렉션은 마지막 메디치가의 후손인 안나 마리아 루이자 데 메디치가 상의를 한 끝에 피렌체시에 기부되었다. 우피치 미술관은 최초의 현대적 박물관 중 하나이며, 1765년에는 공식적으로 대중들에게 개방되었고, 1865년에 정식 박물관이 되었다. 83p

47 팟캐스트 : 팟캐스트는 아이팟(iPod)의 pod과 방송(broadcast)의 cast가 합쳐진 단어로, 시청 또는 청취를 원하는 사용자들이 원하는 프로그램을 선택하여 자동으로 구독할 수 있도록 하는 인터넷 방송을 말한다. 팟캐스팅이 다른 온라인 미디어와 다른 점은 사용자가 매번 미디어를 선택하거나 찾아 들어가는 방식이 아닌 구독 방식으로 이루어진 점이다. 팟캐스팅을 통해서 독립 제작자들은 자신만의 라디오 프로그램을 만들고 제공할 수 있다. 그리고 청취자들은 아이튠즈와 같은 팟캐스트 구독 소프트웨어를 이용하여 정기적으로 새로운 프로그램이 나왔는지 확인하고 다운로드 받아 청취할 수 있다. 최근에는 동영상 파일을 전달하는 팟캐스트가 다수 만들어지고 있다. 87p

48 튜토리얼(tutorial) : 특정 주제와 관련하여 실용적인 지식을 제공하는 텍스트나 동영상, 컴퓨터 프로그램 등을 말한다. 컴퓨터 분야로 범위를 좁히면 소프트웨어나 하드웨어를 움직이는 데 필요한 사용 지침 따위의 정보를 알려 주는 시스템을 가리킨다. 87p

49 …2, 3단계 내용을 다시 정리한다 : 이 책에서 저자가 제안한 4단계 필기법 외에도 널리 유행하고 있는 유익한 필기법들이 적지 않게 있다. 그 가운데 미국의 아이비리그에서 한때 유행했고 지금도 널리 활용되고 있는 필기법으로 코넬식 노트 필기법을 꼽을 수 있다. 코넬식 노트 필기법은 코넬대학교의 교육학 교수 월터 포크Walter Pauk가 1940년대에 고안해 낸 방법으로, 그 시작은 학생들의 학습 효과를 높이기 위함이었다. 대학생, 특히 아이비리그의 학생들은 제한된 시간 안에 방대한 지식을 더 잘 습득하려면 효율적인 필기법이 꼭 필요했기 때문이다.

　일반적으로 필기를 하는 과정은 4단계로 나뉜다.

　1단계 필기하기는 우리가 흔히 말하는 필기를 뜻하는데, 우리 중 대다수는 수업 내용을 받아 적는 행위 자체에 필기의 의미가 있다고 생각해 이 첫 단계에서 그치곤 한다.

　2단계 정리하기란 필기한 내용을 보충하고 보완하는 과정으로, 간략하게 기록해둔 내용이나 빠뜨린 내용 혹은 갑작스럽게 떠오른 부분들을 한 번 더 정리하고 편집하는 단계다. 이 과정에서 종이 위에만 머물러 있던 정보는 우리의 사고 회로를 지나 뇌에 저장되기 시작한다.

3단계 분석하기는 필기한 내용 중 지식점에 대해 생각해 보는 과정이다. 이 지식의 가치는 무엇인지, 어떤 원리를 따르고 있는지, 다른 지식점과는 어떤 관계가 있는지, 또 이를 어떻게 응용할 수 있는지 등을 생각해 보는 과정을 통해 필기 내용 속 지식점들이 자신의 머릿속 지식 네트워크에 잘 자리 잡을 수 있도록 하는 것이다.

4단계 복습하기는 학습 진도에 따라 필기한 내용을 반복해서 학습하는 과정을 말한다. 끊임없이 필기 내용을 들춰 보고 상기하면서 시간의 흐름에 따른 기억 손실을 막고, 뒤쪽의 지식점을 앞의 지식점과 연결하여 지식 체계를 한층 포괄적으로 견고하게 만드는 단계다.

코넬식 노트 필기법은 앞서 말한 4단계의 과정을 따를 뿐 아니라 학습과 기억에 대한 뇌과학, 교육학, 심리학 분야의 연구 결과를 반영해 '기록(Record) → 축약(Reduce) → 암기(Recite) → 숙고(Reflect) → 복습(Review)'의 5단계를 거치도록 한 것이 특징이다. 이 때문에 코넬식 노트 필기법을 5R 필기법이라고도 한다.

코넬식 노트 필기법은 구체적인 기록 형식에서도 일반 필기법과는 전혀 다른데, 노트 한 페이지를 필기(Notes) 영역·단서(Cues)

영역·요약(Summary) 영역으로 나누는 것이 포인트다.

[수업 전] 왼쪽 그림에서 '제목'이라고 적힌 제목 영역에는 수업 전
에 학습 주제를 적는다. 배울 내용을 미리 훑어보고 수업
의 중요 내용이 무엇인지 파악하는 정도로만 간단하게 적
으면 된다.

[수업 중] '노트필기'라고 적힌 가장 큰 영역은 필기 영역인데, 흔히
수업 및 교재 내용을 필기하는 공간이다. 소단원을 중심
으로 정리하며 간결한 문장을 사용한다. 다른 주제로 넘
어가게 될 시 한 줄 공백을 만든다. 이해를 돕기 위한 키
워드를 강조하고 마인드맵이나 도표, 그림을 넣을 수도
있다.

[수업 후] 그리고 '키워드'라고 적힌 중간 왼쪽 부분은 단서 영역으
로 간략화 영역이라고도 하며, 몇 마디 문장이나 키워드
로 필기 영역의 내용을 요약해 학습한 지식을 다듬고 가
공하는 공간이다. 오른쪽 필기 내용 중 키워드만 골라낸
다. 키워드만 보고도 어떤 내용을 필기했는지 파악할 수
있도록 한다. 핵심 개념에 대한 정의, 핵심 용어를 추가 정
리하여 다시 한 번 복습한다.

[수업 후] 아래쪽의 '요약'이라고 적힌 부분은 요약 영역으로 해당
페이지의 필기 내용에서 무엇을 배웠는지, 이 지식을 어
디에 활용할지, 다른 지식 점과는 어떤 관계가 있는지 자
신의 확장된 생각 등을 종합해 요약하는 공간이다.

이렇듯 코넬식 노트 필기법은 공간적으로 학습의 전 과정을 배열하고, 시간상으로 다시 5단계의 과정을 따르게 함으로써 학업성취도 향상이라는 결과를 얻도록 한 것이라고 할 수 있다. 아래는 코넬식 노트 필기법으로 직접 필기한 사진이다.

이 책의 저자가 제안한 4단계 필기법은 위의 코넬식 노트 필기법에서 '요약 영역'을 심화한 것으로 볼 수 있다. 어느 필기법을 활용하든 자신이 수집한 정보를 요약 · 정리할 때 정보들을 이해하는 수준에서 한발 더 나아가 그 정보를 응용하고 가공함으로써 해당 정보를 어떻게 인식하고 이해할지 결정하는 청사진을 그려 내는 것이 무엇보다 중요하다. 116p

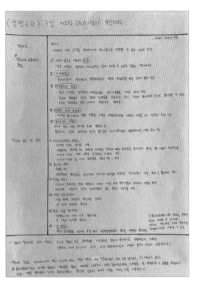

50 칼 구스타프 융 : 스위스의 정신과 의사. 1904년경 정신병 환자를 치료하기 위해서 정신 분석의 유효성을 인식하고 단어를 통한 연상 실험을 창시하였다. 그는 단어 연상법으로 S.프로이트가 『꿈의 해석』을 통해서 제기한 억압된 것, 즉 억압 이론을 입증하고, 그것을 '콤플렉스'라고 이름 붙였다. 1906년 조현병(정신분열병)의 증상을 이해하는 데에 정신 분석이 유효하다는 것을 증명하였다.

1907년 융은 오스트리아 빈에 살고 있는 프로이트를 찾아가 교류하면서 서로의 연구에 공감하며 친분을 나누게 되었고 자신의 연구 업적들에 의해 프로이트의 두터운 신뢰와 인정을 받게 되었다.

이후 콤플렉스라는 개념은 정신 분석학과 심리학에서 사용하게 되었고 융과 부르크휠츨리 병원은 세계적인 명성을 얻기 시작했다. 1908년 4월 오스트리아의 잘츠부르크에서 개최된 최초의 국제정신분석학회 제창자가 되었으며, 이 회의에서 발행하기로 결정한 기관지 『정신분석학·정신병리학 연구 연보』의 편집인으로 뽑혔다. 1909년에는 미국 보스턴 클라크대학의 초청을 받아 프로이트와 함께 미국을 여행하였다.

그러나 그 후 그는 '리비도'라고 하는 개념을 성적(性的)이 아닌 일반적인 에너지라고 하였기 때문에 프로이트와 의견이 대립되어, 1914년에 정신분석학회를 탈퇴하고, 그 이후 자신의 심리학(분석 심리학이라 일컬음)을 수립하는 데 노력하였다. 그의 심리학은 신비적인 색채를 지니고 있는 데다 난해하였기 때문에, 심리학 일반에 대해서는 영향을 끼치지 못하였으나 인간의 유형을 '외향형'과 '내향형'으로 나눈 유형론(Typology)은 그의 큰 공적이다.

그는 모든 사람들은 외향적 기질과 내향적 기질을 동시에 갖고 있으며 어느 한쪽이 우세한가에 따라 유형이 결정된다고 하였다. 『인간과 상징(Man and His Symbols)』, 『자아와 무의식의 관계(The Relations Between the Ego and the Unconscious)』, 『동시성 : 비인과론적 관련 원리(Synchronicity : An Acausal Connecting Principal)』, 『영혼을 찾는 현대인(Modern Man In Search of a Soul)』, 『아이의 영혼 속의 갈등(Conflicts in the Child's Soul)』, 『전이의 심리학(The Psychology of the Transference)』, 『정신 에너지와 꿈의 본질(Psychic Energy and the Essence of Dreams)』, 『기억, 꿈, 그리고 생각(Memories, Dreams, Thoughts)』, 『레드 북(Red Book)』 등 많은 분석 심리학 저서를 남겼다. 129p

51 하늘 아래 새로운 것은 없다 : "There is nothing new under the sun." 구약 성서 전도서 제1장 9절의 '해 아래에는 새것이 없나니'에서 비롯된 말로서, 창조의 어려움을 표현하는 데 주로 쓰인다. 130p

52 아인슈타인의 조합 놀이 : 조합 놀이란 관련이 없는 두 가지를 조합하여 새로운 아이디어를 창출하는 것이다. 이러한 놀이의 조합에

는 새로운 과목의 공부부터 악기 연주, 신체 활동 등 모든 것이 포함된다. 아인슈타인은 아다마르에게 보낸 편지에서 '조합 놀이'의 단계를 처음 언급했다. 그는 그것을 '생산적인 생각의 본질적 특징'이라고 여겼다.

거의 모든 저명한 사상가들은 새로운 아이디어를 만들어 내는 것이 어디에서 오는 것이 아니라 아이디어를 결합하여 완전히 새로운 아이디어를 형성하는 것에서 나온다는 것에 동의한다. 아인슈타인은 서로 다른 정신적인 채널을 사용해 조합 놀이를 하라고 권한다. 즉 자신이 하고 있는 일과는 전혀 무관한 다른 일을 하는 동안 새로운 아이디어를 떠올릴 수 있다는 것이다. 아인슈타인이 바이올린을 연주하면서 대부분의 아이디어를 얻은 것이라든가, 아르키메데스가 목욕을 하면서 부력에 대해 알아내고 '유레카'를 외친 것도 이러한 조합 놀이의 성과라 할 수 있다.

구텐베르크가 와인 프레스에서 영감을 받은 디자인과 금속 세공에 대한 자신의 지식을 결합함으로써 최초의 성공적인 인쇄기를 발명한 것도 완전히 다른 대상과 자신의 아이디어를 결합하여 창의적인 아이디어를 만들어 내는 조합 놀이에 힘입은 바 크다.

조합 놀이는 다른 것에 손을 대 하나의 정신적 통로를 여는 행위이다. 그것은 어떤 일에서 아이디어를 얻지 못할 때 내면의 천재성을 일깨워 빈칸을 채울 수 있게 하는 일이다. 많은 폴리매스들이 독창적인 아이디어를 내기 위해 종종 이 조합 놀이를 행한다.

이 조합 놀이가 유용한 것은 몇 가지 이유가 있다. 첫째, 조합 놀이를 활용하면 스트레스를 어느 정도 줄일 수 있다. 즐겁고 위험이 없는 일을 하는 것은 전체 역학을 변화시킨다. 창의성과 명료한 사고를 촉진시킬 수 있다.

둘째, 관련이 없어 보이는 활동을 하다 보면 기대하지 않았던 방식으로 서로 다른 아이디어 사이에서 창의적인 아이디어를 발견해 낼 수 있다. 다른 일을 하고 있더라도 잠재의식에서는 여전히 초기의 문제에 대해 생각하고 있기 때문이다. 미국의 신경생물학자 로저 스페리Roger Sperry는 "아이디어는 아이디어를 유발하고 새로운 아이디어를 발전시키는 데 도움을 준다. 그들은 서로, 그리고 다른 정신력과도 같은 뇌, 이웃 뇌와 상호 작용한다. 글로벌한 커뮤니케이션 덕분에 멀리 떨어진 외국의 뇌와도."라고 말했다.

셋째, 때로는 문제에 너무 가까이 다가가서는 해결책을 찾을 수 없지만, 새로운 작업을 하다 보면 집중하던 일에서 벗어나 새로운 시각을 갖게 되고, 이렇게 관점을 바꾸게 되면 당면한 문제에 대한 새로운 아이디어를 떠올릴 수 있다. 131p

53 하드 스킬과 소프트 스킬 : 실제로 업무에 필요한 기술을 하드 스킬이라 하고, 업무와 직접적인 연관은 없어 보이지만 실제로 업무에 크게 도움이 되는 기술을 소프트 스킬이라 한다. 하드 스킬은 대개 구체적으로 수치화할 수 있는 정량적 역량을 말하는데, 외국어 능력, 학력, 전공 관련 역량, 직무 능력 등 소위 '스펙'이라고 부르는 것들이다. 그리고 소프트 스킬은 수치화하기 힘든 정성적 역량을 말하는데, 리더십, 책임감, 열정, 유연성, 창의성, 적응력 등 개인의 성장 과정을 바탕으로 형성된 자질과 습관이 이에 속한다. 131p

54 ⋯수준급이었다고 한다 : 아인슈타인은 노년기에 "나는 물리학자가 아니었다면 아마도 음악가가 되었을 것이다. 나는 종종 음악 속에서 생각한다. 나는 음악 속에서 백일몽을 꾼다. 나는 음악의 관점에서 내 삶을 본다. …… 나는 인생에서 대부분의 기쁨을 음악으로부터 얻는다."라고 말했다. 그의 어머니는 피아노를 꽤 잘 치셨고 아들이 바이올린을 배우기를 원했으며, 아들에게 음악에 대한 사랑을 심어줄 뿐만 아니라 독일 문화에 동화되도록 도왔다. 어머니의 영향으로 5세 때 연주를 시작한 아인슈타인은 체계적으로 연습한 적 없이 스스로 연주하는 법을 배웠는데, 음악은 아인슈타인의 삶에서 중추적인 역할을 담당했다. 자신이 전문 음악가가 되겠다는 생각은 한 번도 생각하지 않았지만, 아인슈타인은 친한 사람들 앞에서 종종 실내악을 연주했다. 1931년 캘리포니아 공과 대학에서 연구하는 동안 로스앤젤레스에 있는 졸너 가족 음악원을 방문하여 졸너 사중주단과 베토벤과 모차르트의 작품 일부를 연주하기도 했고, 생애의 끝자락에서는 프린스턴에서 줄리어드 사중주단과 함께 바이올린을 연주하기도 했다. 131p

55 자크 살로몽 아다마르 : 프랑스 수학자. 1896년에 소수 정리를 증명하였다. 131p

56 의식의 협소함 : 아인슈타인이 언급한 '의식의 협소함'은 윌리엄 제임스의 다음 말과 관련이 있다.

"인상의 총합은 의식적으로 소위 말하는 우리의 경험에 결코 들어가지 않습니다. 이 총합은 마치 꽃이 핀 초원을 통과하는 작은 줄

기처럼 흘러갑니다. 하지만 중요하지 않은 신체적인 인상은 그것만큼 존재하며, 우리의 감각에 힘차게 영향을 끼칩니다. 왜 그들이 마음을 뚫지 못하는지는 미스터리로 우리가 의식의 협소함인 'Enge des Bewusstseins'을 그 근거로 내세울 때 설명되지 않습니다." 133p

57 …직접 찾아내면 된다 : 스티브 잡스도 창조성이란 관련이 없어 보이는 점을 서로 연결하는 것이라고 말했다. "창의력은 단지 무언가를 연결하는 것입니다. 창의적인 사람들에게 어떻게 무언가를 했는지를 물어보면, 그들은 조금 죄책감을 느낍니다. 왜냐하면 그들은 실제로 무언가를 한 것이 아니라 단지 무언가를 보았을 뿐이기 때문입니다." 관련이 없는 것 사이의 연관성을 찾는 것만으로도 우리는 조합 놀이를 우리 자신의 삶에 적용할 수 있다. 134p

58 르브론 제임스 : 1984년생으로, 2022년 현재 LA 레이커스에서 포워드로 뛰고 있다. 르브론 제임스는 농구계에서 '농구황제' 마이클 조던 이후 가장 성공한 선수로 평가받는다. 2m 3cm의 키에 130kg에 이르는 거대한 체격, 성인 남성 어깨 정도의 발목 사이즈, 양손을 자유자재로 사용하는 능력, 스피드와 엄청난 근육량, 무엇보다 근면한 자세와 뛰어난 기억력으로 그는 세계 최고 무대인 미국프로농구(NBA)계를 호령했다. 제임스는 NBA 파이널에 8번 진출했고, 그 가운데 4번 우승 반지를 꼈다. NBA에서 오랜 기간 정상급 선수로 활약하고 있는 르브론은 누적 기록에서 엄청난 발자취를 남기고 있다. 2021-2022 시즌에는 말론을 넘어 역대 통산 득점 기록 2위에 등극한 바 있다. 2022년 10월 28일에는 1,135번째 20득점 이상

경기를 만들면서 칼 말론(1,134경기)을 넘어 역대 최다 20득점 이상 경기 기록 보유자로 등극했다. 이날 통산 득점 37,191점을 기록한 르브론은 페이스를 쉽게 잃지 않는다면 카림 압둘-자바(38,387점)를 넘어 역대 통산 득점 부문 1위에 등극할 수 있을 것으로 보인다. 그는 큰 부도 쌓았다. 그는 NBA 역사상 가장 많은 누적 보수를 보장받는 '연봉킹' 자리에 올랐는데, 2022-2023 시즌까지 그의 통산 수입은 5억 3천만 달러가 넘는다. 135p

59 스테픈 커리 : 1988년생. 신장은 188cm, 체중은 84kg은 피지컬이 정말 중요한 NBA에서 상당히 작은 체구에 속한다. 2022년 현재 골든 스테이트 워리어스에서 포인트 가드로 뛰고 있다. 포인트 가드의 역할인 볼 리딩과 어시스트도 수행하지만 팀내에서 기본적으로 슈팅 가드와 같이 득점을 주 임무로 하기 때문에 듀얼 가드로 분류된다. NBA 통산 최다 3점 슛(정규 시즌 통산 최다 3점 슛 및 플레이오프 통산 최다 3점 슛), 그리고 한 시즌 최다 3점 슛과 NBA 파이널 최다 3점 슛, 최다 연속 경기 3점 슛 기록을 비롯하여 NBA의 3점 슛에 관한 거의 모든 기록을 보유하고 있는 선수이다. 현재까지 NBA 챔피언 4회, 파이널 MVP 1회, 컨퍼런스 파이널 MVP 1회, 정규 시즌 MVP 2회, 올-NBA 퍼스트 팀 4회, 득점왕 2회, 올스타 8회, 올스타 MVP 1회 등의 커리어를 쌓아 올렸고 2015-16 시즌에는 NBA 역사상 유일한 만장일치 MVP에 선정되었다. 그는 소속팀과 2022-23시즌부터 2025-26시즌까지 연봉 2억 1천5백만 달러에 계약했는데, 2022-2023 시즌 연봉은 4천8백만 달러이다. 135p

60 만화 딜버트 : 1989년 4월부터 연재한 스콧 애덤스의 풍자만화. 샐러리맨을 직업으로 삼고 있는 주인공 딜버트의 일상을 시니컬한 유머와 함께 그려가는 작품이다. 딜버트는 IQ가 170인 천재이지만, 회사에서는 바보 취급을 받고 심지어 성격까지 소심하다. 그는 동료들의 무능과 악의에 좌절하고 종종 그들을 비꼬거나 콧방귀를 뀌기도 한다. 똑똑하고 착한 그의 성격은 각박한 세상을 헤쳐나가는 데 오히려 방해가 된다. 만화에서 딜버트의 넥타이가 위쪽으로 구부러져 있는 것에 대해 스콧 애덤스는 딜버트가 자신의 환경에 대한 힘이 없다는 것을 넥타이를 통해 보여 주는 것이라고 설명했다. 이기적으로 보일 정도로 자기 몫은 자기가 알아서 잘 챙겨야 살아남을 수 있는 험난한 현실을 약간의 과장을 보태어 여과 없이 그려가는 이 만화는 전 세계 직장인들의 공감대를 얻어 냈다. 더불어 이 만화에는 현대 사회에 대한 풍자 및 미국에 대한 풍자가 시니컬하게 들어가 있다. 137p

61 …성공을 거둔 것일까? : 전 세계 65개국 2,000여 개 신문사에 실린 세계에서 가장 유명한 만화 '딜버트'의 작가 스콧 애덤스는 그의 저서 『더 시스템』을 통해 "성공하려면 열정을 좇으라"는 자기 계발서의 진부한 메시지를 뒤엎는다. 무조건 열정을 좇으며 포기하지 않는다고 성공하는 것이 아니며, 오히려 성공이 열정을 불러온다고 반박한다. 또한 그는 성공에 이르려면 '목표'가 아니라 '시스템'이 필요하다고 말한다. 그가 말하는 성공 모델은 개인적인 에너지에 집중하는 일부터 시작한다.

에너지를 끌어올린 후에는 성공에서 빠질 수 없는 '운'을 불러와야 하는데, 어떻게 운을 불러올 수 있는지를 '시스템' 모델을 통해 제시한다. 그러면서 수많은 실패를 경험했던 자신의 이야기를 통해 실패를 불러들이고, 실패에서 배우고, 실패에서 배울 점을 뽑아먹을 때까지 그냥 돌려보내지 말라고 말한다. 수많은 실패에도 불구하고 어떻게 세계에서 가장 많이 연재된 만화의 창작자가 되었는지, 그 결과를 내기까지 어떤 시스템을 따랐는지 『더 시스템』에서 낱낱이 이야기한다.

그가 생각하는 성공의 첫 번째 요소는 개인적 에너지를 최적화하는 것이다. 이를 위해서는 시간을 들여 운동하고, 올바른 식사를 하며, 탄탄한 경력을 쌓으면서도 가족들, 친구들과 즐거운 시간을 보내야 한다. 이때 자책하지 않는 것이 중요하다. 여러 가지 일을 두고 선택해야 하는 순간에 우선순위를 세우는 법도 명쾌하게 제시한다.

자신의 에너지를 최대화하는 방향으로 선택하라는 것. 책에서는 이를 '차라리 이기적인 사람이 되어라.'라고 조언하는데, 이를테면 이런 것이다. 회사 동료를 도와주느라 몸에 좋지도 않은 패스트푸드를 먹으며 일하지 말 것, 당장 마감을 앞둔 일이 있는 데도 집안일을 돕느라 커리어에 해가 될 선택을 하지 말 것. 너무 당연한 듯하지만 실제 닥치면 고민하게 되는 상황들이 생길 때, '시스템'을 세워 시행하면 한결 편해질 것이다. 개인적인 에너지를 최적화했다면 이제 남은 것은 '운'이다. 운을 직접 통제할 수는 없지만, 승산이 없는 전략에서 승산이 높은 전략으로 옮겨갈 수는 있다.

이를테면 한 가지 기술만 익히는 것보다 다양한 기술을 익히는 것이 성공 가능성을 높인다. 자아를 조절하는 법을 배우면 부끄러움을 두려워하지 않게 되고, 쑥스러워하는 경쟁자를 물리치고 유리한 고지를 차지할 수 있다. 138p

62 …2017년 연구를 살펴보자 : 보스턴컨설팅그룹(BCG) 공식 블로그 (https://bcgblog.kr)에서 보고서 전문과 요약본을 볼 수 있다. 139p

63 기회비용 : 합리적 선택을 위해서는 비용을 정확히 계산해야 한다. 비용이 과소평가 된다면 비용 대비 편익이 크게 나타나고, 비용이 과대평가 된다면 좋은 대안이 높은 비용으로 선택되지 않을 수 있다. 따라서 비용을 정확히 계산할 필요가 있는데, 이때 자주 언급되는 개념이 기회비용이다.

기회비용이란 선택에 따른 진정한 비용으로, '여러 대안 중 하나의 대안을 선택할 때 선택하지 않은 대안 중 가장 좋은 것, 즉 차선의 가치'를 말한다. 예를 들어, 2시간 동안 영화 감상, 공연 관람, 공부 중 무엇을 할까 고민하고 있다고 하자. 각 대안이 주는 만족은 영화 감상 10만 원, 공연 관람 15만 원, 공부 5만 원이지만, 영화나 공연 관람권은 모두 공짜로 얻은 초대권이다.

이때 초대권으로 공연을 관람하면 비용은 들어가지 않은 상태에서 15만 원의 만족을 얻을 것 같지만 이때도 지불하는 비용이 있다. 선택으로 인해 포기한 것이 있기 때문이다. 바로 차선인 영화 10만 원의 기회비용이 발생한 것이다. 공연을 관람하기로 한 경우 남은 대안은 영화와 공부이고 두 대안 중에서 가장 가치가 큰 차선인 영화 10만 원이 공연 관람의 기회비용이 된다.

상황을 바꿔 공연 관람권이 1만 원이라고 해보자. 이 경우 공연 선택으로 인해 발생한 비용, 즉 기회비용은 10만 원이 아니라 1만 원을 더 추가한 11만 원이 되어야 한다. 왜냐하면 공연표 구매에 지출한 1만 원은 1만 원의 가치로 다른 곳에 쓰일 수 있기 때문이다.

이 사례에서 기회비용은 공연표 구입에 지출한 1만 원과 영화의 가치 10만 원으로 구성된다. 공연표 구매와 같이 회계장부에 실제로 기록되는 비용을 회계적 비용 또는 명시적 비용이라고 한다. 반면 영화의 가치와 같이 장부에 기록되지는 않지만 실제로 대가를 지불한 비용을 암묵적 비용 또는 묵시적 비용이라 한다. 기회비용은 명시적 비용과 암묵적 비용을 더한 형태로 계산할 수 있다. 140p

64 디온 샌더스 : MLB 쪽으로는 신시내티 레즈를 포함해 4개 팀에서 톱타자 겸 중견수로 활약했다. 발이 대단히 빨랐기 때문에 별명은 Neon Deion. 140p

65 보 잭슨 : 미국 4대 스포츠인 MLB와 NFL에서 동시에 뛴 이력을 가진 선수. 게다가 그냥 뛴 수준이 아니라 NFL & MLB 두 종목에서 올스타가 된 경험이 있는 두 명 중 한 명이다. 미 엘리트 스포츠 역사상 최고의 운동 능력을 가졌던 선수였으나, 불의의 부상 탓에 재능을 보여 준 기간은 그리 길지 않다. 하지만 그 잠깐의 기간 동안 보여 준 인간을 초월한 운동 능력과 체력 덕에 수십 년이 지난 지금까지도 미 스포츠계의 전설로 그의 이름이 회자된다. 특히 오타니 쇼헤이의 2021시즌 이후 그의 이름이 다시금 언급되고 있다. 140p

66 …스포츠 스타는 드물다 : MLB 시즌이 끝날 때쯤 NFL 시즌이 시작되기 때문에 야구와 미식축구를 겸업할 수 있었다. NFL 쪽에서는 볼티모어 레이븐스를 포함해 5개 팀에서 뛰었는데, 그는 역사상 최고의 코너백으로 꼽힌다. 별명은 Prime Time. 그는 미국 스포츠 역사상 유일하게 슈퍼볼과 월드시리즈 양쪽에 다 주전으로 출전한 선수였다. 슈퍼볼은 샌프란시스코 포티나이너스와 댈러스 카우보이스 소속으로 두 번 우승했으나, 안타깝게도 월드시리즈는 소속팀 애틀랜타 브레이브스가 1991, 1992년 연거푸 우승을 놓치는 바람에 두 종목에서 우승 반지를 끼는 선수까지는 되지 못했다. 미국 스포츠 역사상 유일하게 같은 주에 MLB에서 홈런을 날리고 NFL에서 터치다운을 한 선수이기도 하다. 140p

67 …기를 펴지 못했다 : 농구 GOAT(greatest of all time, 역사상 최고의 인물)인 마이클 조던이 야구에 도전하고, 육상 GOAT인 우사인 볼트가 축구에 도전한 것은 잘 알려져 있으나 이 둘은 은퇴 선언을 하고 나서 종목을 바꿨고 새로운 종목에서는 두각을 나타내지 못했다. 140p

68 …이렇게나 쉬운 것이다 : 스킬 스태킹(스킬 스택을 구축하고 확장하는 일)은 경력에 많은 도움을 준다. 스킬이 많아질수록 조직 내에서 자신의 가치가 높아진다. 다양한 능력으로 무리에서 두각을 나타낼 수 있는 것이다. 또한, 스킬 스태킹을 하다 보면 자신에게 많은 스킬 스태킹 방법이나 도구를 찾기 쉬워진다. 그래서 다음 스킬을 쌓고 싶을 때 보다 쉽게 해낼 수 있게 되는 것이다. 그리고 새로운 스

킬을 하나하나 쌓아 나가면서 자신감을 갖게 된다.

이 자신감은 다른 사람들에게 인정받는 중요한 요인으로 작용한다. 나아가 자신을 독특하게 만드는 최적의 스킬 세트를 조합해 낼 수 있게 되면 보다 쉽게 성공할 수 있다. 다양한 면에서 능숙한 만큼 일련의 사물이나 현상을 쉽게 이해하고, 남들이 이해하지 못하는 것을 이해할 수 있으며, 독특하고 창의적인 방법으로 문제를 해결해 낼 수 있게 되기 때문이다. 147p

69 잭슨 폴록 : 미국의 추상표현주의 화가. 커다란 캔버스 위로 물감을 흘리고, 끼얹고, 튀기고, 쏟아부으면서 몸 전체로 그림을 그리는 '액션 페인팅'을 선보였다. 추상표현주의 미술의 선구자이며, 20세기 문화를 대표하는 아이콘으로 세계 화단에 큰 영향을 끼쳤다. 폴록은 1947년부터 1951년까지 미술계를 놀라게 할 드리핑(떨어뜨리기) 회화들을 제작했다. 어떤 이들은 폴록이 아무런 의미도 없는 그저 혼돈스러운 작품을 만들 뿐이라고 비평하기도 했고, 당시 평단에서는 물감을 뚝뚝 떨어뜨리는 그림을 그린다며 잭슨에게 '잭 더 드리퍼(Jack The Dripper)'라는 별명을 붙였는데, 발음이 비슷한 살인마 잭 더 리퍼처럼 지금까지의 미술을 죽여 버렸다는 의미에서 붙인 별명이기도 했다.

하지만 클레멘트 그린버그와 같은 이들은 '현대 미국에서 가장 영향력 있는 화가'라며 폴록의 재능을 칭송했다. 그의 작품은 팝 아트 같은 뒤이어 등장하는 미국의 미술 운동들에 지속적으로 영향을 끼쳤고, 살아생전에 유럽의 현대 미술 화가들과 동등하게 인정받았던 최초의 미국 화가들 가운데 한 명이 되었다. 147p

70 거인의 어깨 위에 서면 멀리까지 내다볼 수 있다 : 과학사회학자 로버트 머튼Robert K. Merton은 『거인의 어깨 위에서』라는 책에서 뉴턴의 "내가 다른 사람보다 더 멀리 앞을 내다볼 수 있었다면, 그것은 거인의 어깨를 딛고 서 있기 때문입니다.(If I have seen further it is by standing on the shoulders of giants.)"라는 말이 매우 오래된 인용문임을 밝혔다.

머튼에 따르면 뉴턴은 1651년 조지 허버트가 쓴 "거인의 어깨 위에 올라선 난쟁이는 거인보다 더 멀리 본다."라는 문장을 빌려 왔다. 허버트는 로버트 버튼이 1621년에 쓴 "거인의 어깨 위에 올라선 난쟁이는 거인 자신보다 더 멀리 볼 수 있다."라는 문장을 빌려 왔고, 버튼은 디에고 데 에스텔라의 문장을 빌려 왔는데, 에스텔라 또한 1159년에 존 솔즈베리가 쓴 "우리는 거인들의 어깨 위에 있는 난쟁이들과 같기 때문에 거인보다 더 많이, 그리고 더 멀리 있는 사물을 볼 수 있지만 이는 우리 시력이 좋기 때문도 아니고, 우리 신체가 뛰어나기 때문도 아닌, 거인의 거대한 몸집이 우리를 들어 올려 높은 위치에 싣고 있기 때문이다."라는 문장을 빌려 왔다. 그리고 솔즈베리는 1130년 베르나르 사르트르가 쓴 "우리는 거인들의 어깨 위에 올라선 난쟁이들과 같기 때문에 고대인들보다 더 많이 그리고 더 멀리 볼 수 있다."라는 문장을 빌려 왔다.

그만큼 '거인의 어깨 위에서'라는 비유는 역사가 오래되었으며,

누가 처음 말했는지는 알 수 없지만 뉴턴이 말할 당시에는 아주 흔한 경구였기 때문에 뉴턴이 출처를 인용하지 않았던 것으로 보인다. 155p

71 요한 볼프강 폰 괴테 : 독일 문학을 세계적 수준으로 끌어올린 위대한 작가. 독일 문학의 최고봉을 상징하는 괴테의 생애를 돌아보면 '거인'이라는 표현이 딱 어울린다. 80년이 넘는 긴 생애 동안 활동하며, 『젊은 베르테르의 슬픔』 같은 베스트셀러에서 『파우스트』 같은 대작에 이르기까지 다양하고도 폭넓은 작품을 내놓았기 때문이다. 문학가로서도 명성이 높지만, 여행기도 썼고 연극 감독으로서 궁정 무대를 통솔하기도 했다.

특히, 연극 무대 경영·연출·배우 교육에도 재능이 상당해서 자신의 희극들을 유감없이 연극으로 잘 묘사하여 연극으로도 상당한 대박을 거둬들였다. 오죽하면 그의 연극 연출, 경영, 교육을 두고 다른 연극인들이 '이 분야로도 한 우물을 파도 될 텐데.'라는 말까지 했다. 거기에 식물학에도 관심이 깊어서 전문가급의 연구를 했으며 과학자들을 후원하고 식물학에 대한 책도 집필했다. 이 저서는 식물학자들에게도 호평을 받았다고 한다. 오죽하면 식물학자인 베르너 라이히트아젠이란 사람이 괴테에게 "식물학자로 연구하셔도 되겠습니다. 이건 농담이 아니라 괴테 씨의 열정과 지식을 봐도 그만큼의 가치가 있기에 드리는 말씀입니다."라는 편지까지 썼다. 실제로 괴테의 과학적 업적은 당대 생물학자 중에서 최고 수준이었다.

더불어 괴테는 바이마르 공국 재상으로 재직할 당시 정치인으로서 재능이 상당함을 보여 주었다. 또 그는 그림에도 재능이 있었다. 평생 동안 그린 작품이 1000점이 넘을 정도로 예술에 있어서도 다재다능한 면모를 보여 주었다. 161p

72 괴츠 폰 베를리힝겐 : 괴테가 1773년에 발표한 희곡. 전체 5막으로 구성되어 있으며 1774년에 베를린에서 초연되었다. 충성과 용기를 겸비한 기사 폰 베를리힝겐이 끝까지 정의를 추구하지만 적의 간계와 배반에 의하여 결국은 죽음을 맞이한다는 내용이다. 162p

73 젊은 베르테르의 슬픔 : 괴테가 1774년에 쓴 소설. 음울했던 괴테의 연애 경험을 바탕으로 쓰인 소설인데 대체로 서간체(편지) 형식으로 쓰였다. 편집자의 간단한 서술인 프롤로그로 시작하여, 초중반부는 주인공인 베르테르가 친구인 빌헬름에게 쓴 편지를 순서대로 보여 주는 형식으로 쓰여 있고, 후반부에선 편집자가 베르테르의 편지와 지인들에게 얻은 정보를 엮어 사건을 재구성하여 3인칭으로 서술하고 있다. 대부분 괴테 자신의 경험을 바탕으로 했다.
  하지만 몇 가지의 묘사들은 샤를로테가 아닌 괴테의 다른 연인들과의 경험에서 따온 것이라는 추측도 있다. 1부에서 7부까지는 괴테 자신의 이야기를, 그 이후부터는 신문에서 본 한 젊은이의 이야기를 바탕으로 썼다. 이 소설을 읽고 주인공 베르테르의 모습에 공감한 청년들이 소설 속에 나온 베르테르 옷차림, 푸른 연미복에 노란 조끼까지 똑같이 따라 입고 잇달아 자살하는 일이 벌어지면서 '베르테르 효과(유명인 또는 평소 존경하거나 선망하던 인물이 자살할 경우, 그 인물과 자신을 동일시해서 자살을 시도하는 현상)'라는 말이

생기게 되었다. ^{162p}

74 파우스트 : 괴테가 평생에 걸쳐 쓴 장편 운문 희곡으로 괴테의 생애
와 철학이 담겨 있는 작품이다. 독일 문학에서 가장 중요한 문학 작
품이기도 하다. 학자 파우스트가 악마 메피스토펠레스로부터 세상
의 온갖 쾌락을 누릴 수 있다는 계약을 받고, 메피스토펠레스는 그
대가로 파우스트에게 특정 금구를 언급하면 너의 영혼을 가져가겠
다는 약속을 받는다. 파우스트는 욕망을 충족하던 중 결국 악마가
계약 조건으로 내건 금구를 말하게 되고, 그의 영혼을 메피스토펠
레스가 가져가는 이야기이다.

파우스트와 직접적으로 연관된 신화로는 '아다나의 성 테오필
로' 이야기가 있다. 테오필로는 고위 성직에 오르고 싶어서 악마와
계약했으나, 이후 이를 후회하고 성모 마리아에게 간절히 기도하였
다. 그러자 마리아가 나타나서 그를 꾸짖은 뒤 용서해 주었다. 이후
깨어난 테오필로는 악마와의 계약서가 자신에게 있음을 발견하고,
이를 교우들에게 고백한 다음 계약서를 불태웠다. 이 이야기가 이
후 파우스트의 소재가 된 것이다.

비극 제1부와 2부로 나뉘어 있으며, 1774년 집필하여 1831년 완
성하였다. 비극 제1부가 1808년에 출판된 후 20여 년 뒤 2부가 집
필되었다. 2부는 그가 죽기 1년 전에 완성되었으며, 죽고 나서 출판
되었다. 낳은 세월이 지났기 때문에 2부는 1부와 분위기가 사뭇 다
르다. 보통 파우스트를 말하면 1부를 지칭한다. 2부는 특히 상징적
인 내용이 많아 이해하기 매우 난해하다. ^{162p}

75 빌헬름 마이스터의 수업 시대 : 괴테가 쓴 장편 소설. 소설 전체는 모두 8부로 구성돼 있다. 그중 전반부라 할 수 있는 1~5부는 상인의 아들 빌헬름 마이스터가 '상인' 수업에는 관심이 없고 연극에 흥미를 느껴 유랑극단의 일원으로서 연극 및 인생과 연관된 갖가지 체험을 하게 되는 일종의 '예술가 소설' 형태를 보이고 있다. 6부부터 괴테는 작품을 부분적으로 개작해 8부까지 덧붙여 완성해 낸다.

제6부는 괴테가 젊은 시절에 읽은 적이 있던 어느 수녀의 고백록으로, 일명 「아름다운 영혼의 고백」이라고도 불리는 독립된 글인데, 괴테는 원래 예술가 소설로 구상된 「연극적 사명」(1~5부)과 '철학적 교양소설' 「수업 시대」(7~8부)의 문체적, 내용적 차이를 조금이라도 가리고자 중간에 이 수기를 끼워 넣은 것으로 보인다. 수기의 필자인 '아름다운 영혼'은 소설의 필자 괴테에 의해 로타리오, 나탈리에, 백작 부인, 프리드리히 등 작중 인물 4남매의 이모가 되도록 교묘하게 짜 맞춰져 수기가 전체 소설과 아주 무관하지 않게 읽히도록 만들었다. 162p

76 색채론 : 괴테는 색채 현상을 밝음과 어둠의 만남, 그리고 그 경계선에서 주로 일어나는 것으로 인식하였다. 괴테의 색채론은 인간의 감각 중 특히 눈을 매개로 한 자연 관찰과 경험을 바탕으로 이루어졌으며, 색채란 빛과 눈 사이의 상호작용에서 생겨난 것으로 눈 속에 일종의 빛이 있어서, 내부 혹은 외부로부터 미세한 자극이 주어지면 색채가 촉발된다는 생리적 특성에서 출발하고 있다.

괴테는 색채의 구성 원리를 양극성(兩極性), 상승, 총체성으로 보았으며 색채를 생리색, 물리색, 화학색으로 분류하여 실험 관찰하였고, 색채를 설명함에 있어 주관적인 생리색을 출발점으로 하여 조금 더 객관화된 물리색으로 다가가며 물리색을 바탕으로 화학색으로 객관화된 6색(노랑, 파랑, 빨강, 주황, 녹색, 보라)의 색상환을 도출해 내고 있다.

특히 괴테는 색이 생리적, 물리적, 화학적 특성 외에도 색이 감성과 도덕성을 겸비하며, 언어처럼 말을 하고 대중이 알아차릴 수 있는 상징성을 내포한다는 것을 강조하여 인상주의와 추상 미술을 시작할 수 있는 중요한 근거로 미술사를 변화시켰다. 163p

77 토머스 영 : 영국의 의사 ·물리학자 ·고고학자. 물리학적 업적으로는 '에너지'라는 술어에 과학적 의미를 부여하고, 빛의 간섭 원리를 발견하여 빛의 파동설을 A. 프레넬보다 앞서 주장하여, 당시 밝혀지고 있던 빛과 물질과의 상호작용을 통일적으로 설명하였다. 또한 응력과 비뚤어짐의 비율은 일정하다고 하여, 탄성률의 하나인 영률(Young率)을 도입하였다. 안구의 생리에 대해서는 1801년 난시의 원인을 지적한 것 외에 색각의 3색설을 수립하였다. 이집트학 학자로서도 뛰어나 파피루스와 로제타석의 상형 문자를 최초로 해독하는 데 성공하였다. 165p

78 이중 슬릿 실험 : 양자 역학에서 실험 대상의 파동성과 입자성을 구분하는 실험으로, 단일 파장의 빛이 두 개의 슬릿(틈새)을 지난 다음 만드는 패턴을 관찰하는 방식으로 행해진다. 빛은 각각의 슬롯을 통과한 다음 간섭한 결과에 따라서 밝거나 어두운 패턴(간섭무늬)을

만들어 낸다. 이는 빛이 물질 입자는 절대 일으킬 수 없는 회절과 간섭이라는 성질을 가진 파동임을 보여 주는 것이다. ^{166p}

79 로제타석 : 1799년 나폴레옹의 이집트 원정군 포병 사관 부샤르가 알렉산드리아에서 56㎞ 떨어진 지중해변의 작은 마을 로제타(아랍어로는 라시드)에서 발견한 비석 조각. 로제타석에는 고대 이집트의 상형 문자(히에로글리프), 아랍인들이 사용했던 민중 문자(디모틱 ; 이집트의 신관 문자가 간이화되어 만들어진 표음 문자. 히에로글리프를 간략하게 한 히에라틱 문자를 풀어서 쓴 서체이며, 한자의 초서체에 해당한다. BC 700년경부터 그리스·로마 시대를 통하여 법률·행정·문학·종교 등에 광범하게 사용되었다.), 그리스 문자 등 세 가지 문자로 기원전 196년 프톨레마이오스 5세의 공덕을 기리는 내용이 새겨져 있다.

발견 당시에는 아직 고대 이집트의 상형 문자가 해독되지 못하였기 때문에 이 비석의 문자 해독이 그 열쇠라고 생각되어 매우 소중하게 보관되었는데 1801년 아부키르 전투에서 영국에 패배한 프랑스가 평화 조약 대가로 영국에 넘겼다. 현재는 런던의 대영박물관에 소장되어 있다.

로제타석 해석의 기초는 영국의 이집트학자 토머스 영이 닦았다. 그는 새나 동물 모양의 문자에서 얼굴을 향하고 있는 방향을 연구해 부호 읽는 법 등을 알아냈다. 이후 프랑스의 샹폴리옹^{Jean Francoise Champollion}은 영의 뒤를 이어 해석에 착수해 1822년 9월14일 26개 이집트 상형 문자의 의미와 음가, 용법을 밝혀냈다. 그는 이집트 상형 문자가 음가를 나타내는 표음 문자와 뜻을 표현하는

표의 문자, 그리고 그림 문자 등 세 가지가 복합돼 이뤄졌다는 사실도 밝혀냈다. 168p

80 누비아 : 아프리카 수단 북동부를 가리키는 지명. 고대 아프리카 북동부에 있었던 지명에서 비롯된 것으로, 이집트인이 이 지방의 흑인을 놉(Nob ; '노예'라는 뜻)이라고 부른 것이 '누비아인'으로 되어 누비아라는 지명이 생겼다고 한다. 남서쪽 코르도판 고원에 사는 부족이 누바(Nuba)라고 불리는 것도 같은 어원에서 온 것이다. 168p

81 르네 데카르트 :프랑스의 철학자, 수학자, 과학자, 근대 철학의 아버지, 해석기하학의 창시자로 불린다. 그는 합리론의 대표 주자이며 본인의 대표 저서 『방법서설』에서 '나는 생각한다, 고로 존재한다 (Cogito ergo sum).'라는 계몽사상의 '자율적이고 합리적인 주체'의 근본 원리를 처음으로 확립한 것으로 유명하다. 170p

82 나는 생각한다. 고로 존재한다 : '나는 생각한다. 고로 존재한다(코기토 에르고 숨Cogito, ergo sum).'은 데카르트가 방법적 회의 끝에 도달한 철학의 출발점이 되는 라틴어 명제이다. 데카르트는 애초에 『방법서설』에서 이 명제를 프랑스어로 썼지만("Je pense, donc je suis."), 라틴어로 된 명제가 널리 알려지게 되었다.

데카르트는 후일 『철학 원리』에서 "우리가 의심하고 있는 동안 우리는 (의심하고 있는) 자신의 존재를 의심할 수 없다."라고 하면서 '나는 의심한다. 고로 생각한다. 고로 존재한다.'라는 명제를 제시하였다.

데카르트 이전에 히포의 아우구스티누스가 『고백록』에서 회의주의를 배격하기 위해 확고한 진리의 바탕이 되는 개념으로서 코기토를 사용한 바 있다. 데카르트는 중세 초의 이러한 주장을 근세의 자연 철학을 위해 다시 살려낸 것이다.

데카르트는 여타의 지식이 상상에 의한 허구이거나 거짓 또는 오해라고 할지라도 한 존재가 그것을 의심하는 행위는 최소한 그 존재가 실재임을 입증하는 것이라고 주장했다. 인식(이 경우엔 자각)이 있으려면 생각이 있어야 하기 때문이라는 이유에서이다.

데카르트의 '코기토 에르고 숨'은 인식론에서 중요하게 다루어졌으며, 서양 철학의 근간에 영향을 준 명제 가운데 하나로 평가되고 있다. 170p

83 방법서설 : 데카르트가 자신의 철학 전체를 처음으로 세상에 공표한 저서로서 원제는 『이성을 올바르게 이끌어, 여러 가지 학문에서 진리를 구하기 위한 방법의 서설』이다. 이 저서는 무엇보다도 '방법의 이야기'이다. 그것도 자기 자신의 학문적 생애를 이야기한다는 형식을 취하여 학문 연구의 방법과 형이상학·자연학의 개요를 논술한 것이다. 결국 기성 권위에 의하지 않고 자신의 두뇌로써 사물을 사고하기 위해서는 어떠한 방법을 좇아야 하는가를 스스로 탐구해 온 저자의 정신 역사를 솔직하게 논술하였다. 이 방법에서 인도되어 소위 방법적 회의에 이른 끝에 "나는 생각한다, 고로 나는 존재한다."라는 증명 인식에 도달한다. 171p

84 제1 철학에 관한 성찰 : 데카르트는 회의주의와 상대주의로 암울한 시대정신과 마주하여 절대적 진리를 모색한다. 그는 『제1 철학에 관한 성찰』에서 조금이라도 의심의 여지가 있는 것은 모두 거짓으로 간주하는 '방법적 회의'에서 출발해 마침내 "나는 생각한다. 고로 나는 존재한다."는 것을 더 이상 의심할 수 없는 진리로 확신하고, 이를 철학의 제1 원리로 정립한다. 이로부터 신은 현존한다는 것, 정신은 신체와 실재적으로 구별된다는 것을 입증하고 자연학의 새로운 토대들을 마련한다. 171p

85 심신 이원론 : "만물은 res extensa(외연을 가진 실체)이며 인간 영혼은 res cogitans(정신 활동을 하는 실체)이다. res extensa와 res cogitans는 완전히 실체적으로 구분된다." 데카르트는 이렇게 몸과 마음이 서로 다른 종류의 실체라고 주장했다.

이러한 정의에 따르면, 실체적으로 구별되는 사물들 사이에는 인과 관계가 성립할 수 없고, 각각의 실체는 존재론적으로 자립적이고 그 사이에 어떠한 의존 관계도 설정할 수 없다. 몸과 마음이 서로 다른 실체라면 영혼의 신체 의존성이나 신체의 영혼 의존성을 생각할 수 없다.

그러나 일상생활에서 우리는 누구나 몸과 마음 사이의 밀접한 상호 의존성과 인과 관계를 경험한다. 이 점 때문에 데카르트의 극단적 이원론은 후대의 철학자들에게 많은 비판을 받았다. 171p

86 데카르트 좌표계 : 데카르트 좌표계는 임의의 차원의 유클리드 공간(혹은 좀 더 일반적으로 내적 공간)을 나타내는 좌표계 중 하나로 평

면이나 공간상의 한 점의 위치를 서로 직교하는 직선 축(x축, y축, z축 등)을 이용하여 나타내는 직교 좌표계에 속한다. 우리가 일반적으로 널리 쓰는 2차원 데카르트 좌표계는 좌표 평면, 3차원 데카르트 좌표계는 좌표 공간이라고도 한다.

이 좌표계는 데카르트가 어느 날 침대에 누워 있다가 천장에 달라붙은 파리 한 마리를 보고서, 파리의 위치를 어떻게 하면 정확하게 나타낼 수 있을까 고민하다가 고안해 냈다고 한다. ^{172p}

87 선형대수학 : 벡터(크기와 방향으로 정하여지는 양), 행렬, 행렬식, 벡터 공간, 선형 사상(한 벡터 공간으로부터 다른 벡터 공간에 대응시킬 때, 합과 상수 곱을 보존하는 사상) 따위를 연구하는 학문. ^{172p}

88 미분기하학 : 미분학과 적분학의 방법을 응용하여 곡선, 곡면 따위의 성질을 연구하는 기하학. ^{172p}

89 군론 : 문건의 형태, 개념 간의 연결, 일정한 성질을 갖춘 수의 집합 등의 각 요소가 몇 개의 수학적 변환이나 연산에 대해 나타내는 성질을 대수적으로 정리하여 표현하는 수학의 한 분야. ^{172p}

90 해석기하학: 기하학적 도형을 좌표에 의하여 나타내고 그 관계를 로그, 미분, 적분 따위를 써서 연구하는 기하학. ^{172p}

91 굴절 광학 : 데카르트는 이 책에서 세 가지 주제를 다루었다. 하나는 빛의 반사와 굴절이며, 두 번째는 인간이 무엇을 본다는 시각에 대한 것이고, 세 번째는 시각을 개량하고 향상하는 망원경이나 안경

에 대한 것이다. 빛의 반사 문제는 예전부터 알려져 있었고, 빛이 반사할 때 같은 각도로 꺾인다는 것도 알려져 있었다. 문제는 빛이 공기에서 물 같은 다른 매질로 들어갈 때 나타나는 현상인 굴절이었는데, 굴절 현상에 어떤 종류의 수학적 규칙성이 있다는 것은 고대부터 알려져 있었지만, 그 규칙성이 무엇인가는 발견되지 않은 채로 남아 있었다.

데카르트는 『굴절 광학』에서 이 굴절의 법칙(우리에게 통상 스넬의 법칙으로 알려진 법칙)을 최초로 제시했다. 172p

92 스넬의 법칙 : 빛을 비롯한 파동은 지나고 있는 매질의 성질에 따라서 다른 진행 속도를 가지게 되는데, 이때 매질에 따른 속도의 차이에 의해 진행 방향이 꺾이는 굴절 현상이 일어난다. 스넬의 법칙은 이때 일어나는 파동의 굴절 현상을 정량적으로 정리하여 설명하는 법칙이다. 스넬-데카르트의 법칙이라고 부르는 사람도 있다.

스넬은 데카르트보다 먼저 이 법칙을 발견했지만 자신의 발견을 출판하지 않았는데, 데카르트가 스넬을 만나 그의 법칙에 대해 듣고서 굴절의 법칙을 주장하였다거나 혹은 심지어 스넬의 법칙을 훔쳤다는 주장도 있다. 역사학자들은 데카르트가 스넬과는 무관하게 독립적으로 굴절의 법칙을 발견했다는 쪽에 무게를 두고 있다. 172p

93 임호테프 : 기원전 2650년에서 2600년 사이에 고대 이집트에서 살았던 학자이며 헬리오폴리스의 태양신 라(Ra)를 섬기는 대제사장이었다. 이집트 피라미드의 역사상 건축자에 거론된 유일한 사람이기도 하다. 그는 역사에 등장하는 최초의 공학자이자 내과 의사, 건

축학자로 서술되어 있다. 사후, 이집트에서는 건축과 공학의 신으로 추앙받았다. ^{174p}

94 에드윈 스미스 외과술 파피루스 : 1862년 미국의 고고학자 에드윈 스미스에 의해 발견된 '에드윈 스미스 파피루스'는 기원전 1700년 경에 완성된 것으로 '세계 최초의 외과 교과서'로 불린다. 이 파피루스에는 각종 난치병과 그 치료 방법이 체계적으로 소개되어 있는데 48종의 외상을 분석하여 진찰, 진단, 의사가 직접 치료를 시행할지 여부, 치료 과정 등의 순서에 따라 기록되어 있다. 파피루스를 발견한 에드윈 스미스의 이름을 따서 명명되었다. ^{175p}

95 …가장 높은 인공물이었다 : 조세르 피라미드의 밑변은 109×125m, 높이는 62m에 달한다. 그때까지의 파라오들은 마스타바라고 불리는 높이 10m 정도의 장방형 무덤에 묻혔음을 생각하면 이것이 얼마나 대단한 건축물이었을지, 조세르와 임호테프가 얼마나 큰 권력을 누렸을지 알 수 있다. ^{177p}

POLY
MATH

1장

요점 정리

- 우리는 폴리매스라는 단어를 접할 때 역사 속 천재들을 떠올리며 이들의 업적에 감히 범접할 수 없으리라 생각한다. 그런 생각에도 일리가 있겠지만, 사실 폴리매스는 다양한 분야에서 전문성을 쌓은 사람에 불과하다. 폴리매스가 여러 분야에서 식견을 쌓은 방법을 연구하면 평범한 우리도 귀중한 교훈을 얻을 수 있다. 지나치게 단순화한 것 같아도 그것이 본질이다. 그리고 이 다양한 분야가 서로 교차할 때 마법 같은 일이 펼쳐지며, 우리가 길을 찾고, 문제를 해결하고, 독창적으로 사고할 수 있도록 해 줄 것이다.

- 이 책은 여러분이 최소한 π형 인재, 이상적으로는 빗 모양 인재, 한발 더 나아가 별 모양 인재가 되도록 장려한다. T형 인재의 대척점에 서는 것이다. 이때 수평선은 지식의 폭을, 수직선은 지식의 깊이를 나타낸다. 지식의 폭을 넓히며 깊이를 다지려면 상당한 시간과 노력이 들겠지만, 이를 해낸 위인들은 아주 많다. 몇 명만 예로 들어도 레오나르도 다빈치, 일론 머스크, 벤저민 프랭클린, 아리스토텔레스 등을 꼽을 수 있다. 몇몇 연구들의 결과에 따르면, 각양각색의 사람들로 구성된 팀이나 다재다능한 개인, 기존 지식을 새로운 상황에 접목하는 사람이 훌륭한 성과를 낸다. 이처럼 이질적 요소가 함께 어울려 이탈리아 피렌체에서 르네상스 시대를 열었다는 가설도 있다.

- 다양한 분야에서 지식을 쌓는 일의 중요하다는 사실은 아무리 강조해도 지나치지 않다. 오히려 한 분야의 지식만 과도하게 쌓을 때는 문제가 나타난다. 바로 외길 전문성의 딜레마다. 이는 아인슈텔룽 효과라고 불리며, 망치

를 든 사람에게는 모든 것이 못으로 보이는 현상으로 설명할 수 있다. 하나의 주제에 깊이 심취할수록 자신이 가진 도구, 방법, 접근법, 관점에서 벗어나기 힘들다. 생물학자 눈에는 모든 것이 생물학적 문제로 보이는 것과 마찬가지다.

- 폴리매스다움을 고찰해 보는 가장 간단한 방법은 자동차 컨베이어 벨트 공장에서 조립 일을 하는 모습을 상상해 보는 것이다. 한 가지 기술밖에 없는 사람은 언제든지 쉽게 교체될 수 있다. 하지만 폴리매스다운 면모를 갖추면 갖출수록 더욱 다양한 기술을 보유하게 되므로 교체될 위험성도 줄어들 것이다.

2장

요점 정리

- 폴리매스라면 저마다 활동 분야는 다르더라도 내적 특성은 대단히 비슷하다. T형 인재와 달리, π형 내지는 빗 모양 인재가 되려면 진취성, 호기심, 열린 태도와 같은 공통된 자질이 요구되기 때문이다. 가령, 레오나르도 다빈치 같은 사람이 생전 처음 보는 문제에 봉착했다고 해서 '다른 사람이 어련히 해결하겠지. 나는 잘 모르는 문제니까 낮잠이나 자자.'라고 생각할 리 만무하다.

- 폴리매스 정신의 첫 번째 특성은 탁월한 적응성과 개방성이다. 폴리매스는 어떤 장애물이 자신을 가로막더라도 우회하는 길을 찾아내고 문제를 해결한다. 이렇게 하려면 유연하고 재기 넘치게 사고해야 하며, 사회적 관습이나 개인적 습관에 얽매이지 말아야 한다. 그리고 색다른 관점이나 낯설고 생경한 것을 열린 태도로 받아들일 수 있어야 한다. 우리가 우유를 마실 수 있게 된 까닭도 누군가 처음으로 소의 젖을 짜서 마셔 봐야겠다고 생각한 덕분이다.

- 폴리매스 정신의 두 번째 특성은 실험 정신이다. 모든 폴리매스가 연구실에서 과학 실험을 벌인다는 뜻이 아니라, 무슨 일을 하든지 실험에 임하듯 접근하여 분석하고 연구한다는 뜻이다. 이들은 이렇게 해야 안심하고, 새로운 정보를 습득하여 호기심을 충족하고 싶어 한다. 뭐든지 직접 시도하고 결과를 확인해야 직성이 풀리기 때문이다.

- 폴리매스 정신의 세 번째 특성은 초심이다. 자신을 초보자로 여기는 태도는 자신을 전문가로 여기는 태도보다 훨씬 유익하다. 초보자는 해답보다 질문이 열 배는 많은데, 이는 매우 바람직한 태도다. 궁금한 것이 많은 사람은 남의 말에 귀를 기울이고, 질문을 던지며, 주제를 깊이 파고들기 때문이다. 전문가는 자신이 너무나 잘 안다는 착각에 빠지는 경우가 허다하므로 반드시 맹점을 갖는다. 한편, 초심을 간직한 사람이 비판적 사고 능력까지 갖추게 되면 여러 유의미한 질문을 던질 수 있게 된다.

- 폴리매스 정신의 네 번째 특성은 자신에 대한 믿음이다. 그 믿음에 근거가 있든 없든, 폴리매스는 자신이 목표를 이루리라고 철석같이 믿는다. 반면에, 대다수 사람이 자신의 학습 능력을 의심하며 스스로 발목을 잡는다. 나에

대한 믿음은 더 근원적인 믿음을 드러낸다. 행동하고 성취하는 능력인 주체성에 대한 믿음이다. 따라서 예외적인 경우가 아니라면, 사람은 믿는 만큼의 결과만 낸다. 나에게 어떤 목표를 달성할 능력이 있다는 것을 애초에 믿지 않는다면, 결코 그 목표를 달성할 수 없다.

• 폴리매스 정신의 마지막 특성은 투지다. 다양한 분야에 정통한 사람의 특성을 묘사할 때 불굴의 근성을 빼놓을 수 없을 것이다. 투지란 어떤 방법을 써서라도 고난과 시련을 극복해 내는 정신이다. 그런데 많은 경우에 이 방법이라는 것은 그저 묵묵히 불편함을 감내하는 일에 불과하다. 폴리매스가 되려면 상당한 절제력이 필요하다. 아무리 관심 있는 주제라도 밑바닥에서부터 지식을 쌓아 올리는 일은 굉장히 고되고, 피곤하며, 혼란스럽기 때문이다. 하지만 인생이란 본디 그런 것이다. 그리고 이 혼란스러움을 편안하게 받아들이는 기술이야말로 다음 목표를 향해 거침없이 전진할 수 있는 비결이다.

3장

요점 정리

• 이쯤이면 여러분도 폴리매스가 되어야 한다는 주장을 상당히 수긍했으리라 생각한다. 그렇다면 폴리매스가 되어야 하는 '까닭'을 장황하게 늘어놓는 일은 이만하고, 폴리매스가 되는 '방법'을 자세히 살펴보자. 폴리매스가 되고자 한다면, 사고의 유연성을 기르고, 적어도 한 가지 학문 혹은 지식 영역에 새로 입문하여 밑바닥에서부터 실력을 쌓아야 한다. 이 과정은 고되고,

피곤하며, 괴로울 테지만, 적절한 계획을 갖추고 임한다면 좀 더 수월하다.

- 다음은 새로운 분야를 완전히 처음부터 배워 나가는 방법 10단계이다. 각 단계의 제목만 보아도 그 내용을 충분히 유추할 수 있다.

  1) 주제를 개관한다.
  2) 구체적으로 습득하고자 하는 지식 내지는 기술로 주제의 범위를 좁힌다.
  3) 내가 생각하는 성공을 정의하고, 성공을 공략해 나갈 계획을 역순으로 세운다.
  4) 이용 가능한 자료를 최대한 많이 수집한다.
  5) 수집한 모든 자료를 바탕으로 커리큘럼과 학습 계획을 세운다.
  6) 학습 목표를 기준으로 수집한 자료를 필터링하여 핵심 자료만 남긴다.
  7) 새로운 지식에 입문하고 몰입한다.
  8) 전반적인 기본 지식을 습득한 후에는 주제를 놀이하듯 탐색하고, 스스로 질문을 던져 내가 얼마만큼 아는지 확인한다.
  9) 이전 단계에서 던진 질문에 대답하고, 전에 몰랐던 지식 간 접점을 발견한다.
  10) 새롭게 습득한 기술 혹은 지식을 다른 사람에게 가르치는 경험을 통해 나의 이해를 탄탄히 다지고, 이해가 부족한 부분이 어디인지 파악한다.

- 매 단계마다 따로 언급하진 않았지만, 부단히 해야 하는 일이 필기다. 필기 장은 몸 밖에 있는 두 번째 뇌와 같다. 우리는 필기를 통해 알게 된 사실을 기록하고, 지식을 연결하고, 내용을 상기하고, 정보를 종합한다. 적절하게 구성하고 정리한다면, 필기장에 새로운 지식과 기술을 온전히 담아낼 수 있다. 그런데 목표가 야심 찬 만큼 특별한 필기법이 필요하다. 이 필기법은 품

이 많이 들지만, 그게 핵심이다.

- 4단계 필기법은 다음과 같다. 1단계, 주제에 관한 유용한 정보를 가능한 한 세세한 부분까지 필기한다. 2단계, 1단계에서 필기한 내용을 나만의 언어로 다시 정리하고, 중요도를 매기고, 질문이 떠오르면 적는다. 3단계, 개별 정보를 전체적인 학습 주제와 연결 지어 본다. 4단계, 질문을 모두 해결하고, 쪽 내지는 소단원 단위로 2, 3단계 내용을 다시 정리한다.

4장

요점 정리

- 이 장에서는 폴리매스가 되고자 한다면 어떤 기술들을 익히는 게 좋을지 고민해 본다. 우리가 롤 모델로 삼은 폴리매스들은 하나같이 예술과 과학에 조예가 깊었다. 다시 말해, 이들은 소프트 스킬과 하드 스킬을 함께 구사했다. 알베르트 아인슈타인은 스스로 조합 놀이라고 이름 붙인 행위가 연구 활동에 유익하다고 믿었다. 그래서 어떤 골치 아픈 문제가 도저히 풀리지 않을 때면 머리를 비우고 색다른 관점을 모색하기 위해 바이올린을 실컷 연주했다. 일단 어떤 기술을 익힐지 정하고 나면, 우리도 아인슈타인의 조합 놀이를 직접 활용해 볼 수 있다.

- 만화가 스콧 애덤스가 창안한 '스킬 스태킹'은 특정한 목표를 달성하기 위해 내가 가진 자질이나 기술을 최적의 방식으로 조합하는 전략을 일컫는다.

- 누구나 '스킬 스택'을 가지고 있다. 스킬 스택은 우리가 어떤 목표를 이루려 하든 남들보다 돋보이기 위해서는 한 가지 기술이나 능력에만 의존할 수 없다는 생각을 바탕으로 한다. 한 분야에서 상위 1% 안에 드는 사람은 극소수이고, 우리가 이 극소수의 사람이 될 확률은 희박하다. 따라서 서로 관련 있는 서너 가지 기술을 상위 10~15% 수준까지 계발하여 스킬 스택을 구성해야 한다. 이는 현실적인 목표이면서도 나를 차별화해 주는 무기가 된다. 나의 스킬 스택이 독특하고, 다채롭고, 큰 시너지 효과를 낼수록 나 또한 강력한 존재가 된다.

- 핵심은 서로 관련이 있는 다양한 기술을 익히는 것이다. 따라서 나의 장점에만 치중해서는 안 된다. 이상하게 들리겠지만, 장점만 부각하려는 욕심이 나의 발목을 잡기도 한다. 여러분이 몸담은 분야에서 최고의 기량을 뽐내는 사람들을 살펴보고 이들이 지닌 다채로운 스킬 스택에서 영감을 얻자. 정확히 어떤 방면에서 실력을 기르고 싶은지 마음을 정하고 나면, 그다음에 할 일은 간단하다. 책이나 웹 문서를 몇 편 읽고, 강의를 몇 개 듣고, 관련 경험을 쌓는 것이다. 이렇게만 해도 90%의 사람보다 더 많은 정보를 습득하고 한발 앞서 나가게 되므로 상위 10% 전문가가 된다. 이처럼 우리는 삶의 면면에 폴리매스가 주는 교훈을 멋지게 적용할 수 있다.

요점 정리

- 폴리매스의 인생길을 돌아보면 그야말로 파란만장하다. 하지만 역사에 길이 남은 몇몇 폴리매스의 발자취와 철학을 되짚어 보는 것만으로도 얻을 수 있는 교훈이 많다. 이들은 자신의 삶을 통해 지식, 성실함, 그리고 반드시 충족해야만 직성이 풀리는 순수한 호기심이 합쳐졌을 때 얼마나 큰 위업을 달성할 수 있는지를 몸소 보여 준다.

- 가장 유명한 폴리매스인 레오나르도 다빈치부터 살펴보자. 대부분 사람이 그를 화가로만 알지만, 사실 그는 굉장히 다양한 분야에서 활약했다. 몇 가지만 꼽아 보아도 그는 군사 전략가이자 조각가이자 해부학자이자 기계공이었다.

- 요한 폰 괴테는 독일 문화에 지대한 영향을 미친 여러 문학 작품을 저술하여 독일어의 새로운 지평을 연 인물로 평가받는다. 몸이 두 개여도 모자랄 것 같은 그는 식물학에서도 명성을 날렸고, 독일 정계에 입문한 뒤 착실히 보직에 올라 군사위원회 위원장을 지내고 대대적인 세금 개혁을 감독했다.

- 토머스 영은 흥미로운 사례다. 대부분 사람이 그의 이름은 몰라도, 뉴턴의 이론이 틀렸다는 것을 증명한 사람이라고 하면 알기 때문이다. 기존 물리학 이론의 오류를 지적했다는 사실이 입증하듯 그는 물리학과 과학 실험법에 상당한 식견이 있었다. 그리고 로제타석 번역에 성공하여 이집트 상형 문자를 해독하는 데 큰 공헌을 했다. 그런데 이 모든 일을 해낸 그의 본

업은 사실 의사였다.

• 르네 데카르트는 현대 기하학의 아버지이자, 선도적인 물리학자, 역사를 통틀어 가장 뛰어난 서양 철학자로 손꼽힌다. 그는 지식의 본질, 그리고 증명할 수 있는 것과 증명할 수 없는 것에 대한 고찰로 유명해졌다. 그리고 생각하는 사람은 존재한다는 선언 '나는 생각한다. 고로 나는 존재한다.'에 이러한 고찰을 담았다.

• 임호테프는 고대 이집트에 지대한 영향을 미쳤지만, 역사에서 오랫동안 그이름이 잊혔던 인물이다. 그는 파라오를 섬기는 의사였고, 이집트 최초의 피라미드를 설계한 건축가였다. 그의 공학적 기량은 피라미드에서 멈추지 않고 초기 관개 기술을 개발하는 데까지 뻗어 나갔고, 그 덕분에 이집트는 나일강을 젖줄 삼아 찬란한 문명을 꽃피울 수 있었다.

• 폴리매스 정신의 특성은 제2장에서 이미 다루었지만, 실존 인물들을 통해 그 특성을 직접 살펴보면 더욱 분명하게 이해할 수 있다. 우리가 이들에게서 발견한 세 가지 공통된 특성은 바로 다양성, 대담성, 저돌성이다. 개별 지식 영역에 혁신을 가져오는 지식의 다양성, 관습에 얽매이지 않고 새로운 아이디어와 전략을 받아들이는 대담성, 적당히 해서는 직성이 풀리지 않는 목표를 향한 저돌성이야말로 폴리매스의 특성이라 할 수 있다.